JN329307

裸のプレゼンター

「自然さ」とインパクトのあるプレゼンのための心得

ガー・レイノルズ

丸善出版

『裸のプレゼンター』への賛辞

「プレゼンテーションの実施法について書かれた書籍の多くは、アイコンタクトやジェスチャーといった、単純なトピックしか扱っていない。ガー・レイノルズの本はもっと奥深いものだ。本書は禅の思想を前面に押し出し、聴衆との一体感をしっかりと確立するための有意義な方法を語っている。これはプレゼンテーションを行う必要のある全ての人にとって必読書である。」

── ナンシー・デュアルテ
(デュアルテ・デザイン CEO、『slide:ology』『resonate』の著者)

「ガー・レイノルズとその作品の本質を3語で言い表すと「美・論理・アジア」になる。真に独創的な人物であり、傾聴に値する意見である。」

── セス・ゴーディン
(『Linchpin』の著者)

「私は1年に80〜100回のスピーチをこなしている。これだけでもフルタイムの仕事と言えるほどの回数だ。だがそれは、わが代理店を確実に発展させてくれるツールである。こうした活動が功を奏している唯一の理由は、私がガーの全ての言葉を心に刻んでいるからだ。私は彼の本を「読む」のではなく、それらを徹底的に貪り尽くしている。プレゼンテーションの構成テクニックから優れたスライドの作成法に至るまで、ガーにかなう者はいない。『裸のプレゼンター』は現代にこそふさわしい本だ。不要なものを全て削ぎ落とし、聴衆とコンテンツだけに焦点を当てることは、優れたプレゼンテーションの真の秘訣である。ガーはそうした秘訣(およびその実践法)を世界に向けて語ってくれている。ありがとう、ガー！」

── ミッチ・ジョエル
(Twist Image 社長、『Six Pixels of Separation』の著者)

「あなたはおそらく TED トークを見たことがあるだろう。あるいは、トム・ピーターズのように、ステージを完全に支配し、聴衆に「もっと聞きたい」と思わせるようなプレゼンターを目にしたことがあるに違いない。だが、人々から絶賛されるプレゼンテーションを行う能力が自分にもあることに、あなたは気付いているだろうか？「裸のプレゼンター」に変身すれば、それが可能になる。私はこれらのプレゼン改善テクニックをずっと使ってきたが、その効果はてきめんだ。ぜひこの方法を試してほしい。あなたのプレゼンテーションは、聴衆から絶賛を浴びるはずだ。そうすれば、彼らはプレゼンテーション中に Twitter でつぶやくのをやめるかもしれない。すごいじゃないか！」

── ロバート・スコーブル
(ビデオブロガー、テクニカル・エバンジェリスト、『ブログスフィア：アメリカ企業を変えた100人のブロガーたち』の共著者)

母に捧げる

ルース・ルイーズ・レイノルズ（1927-2010）

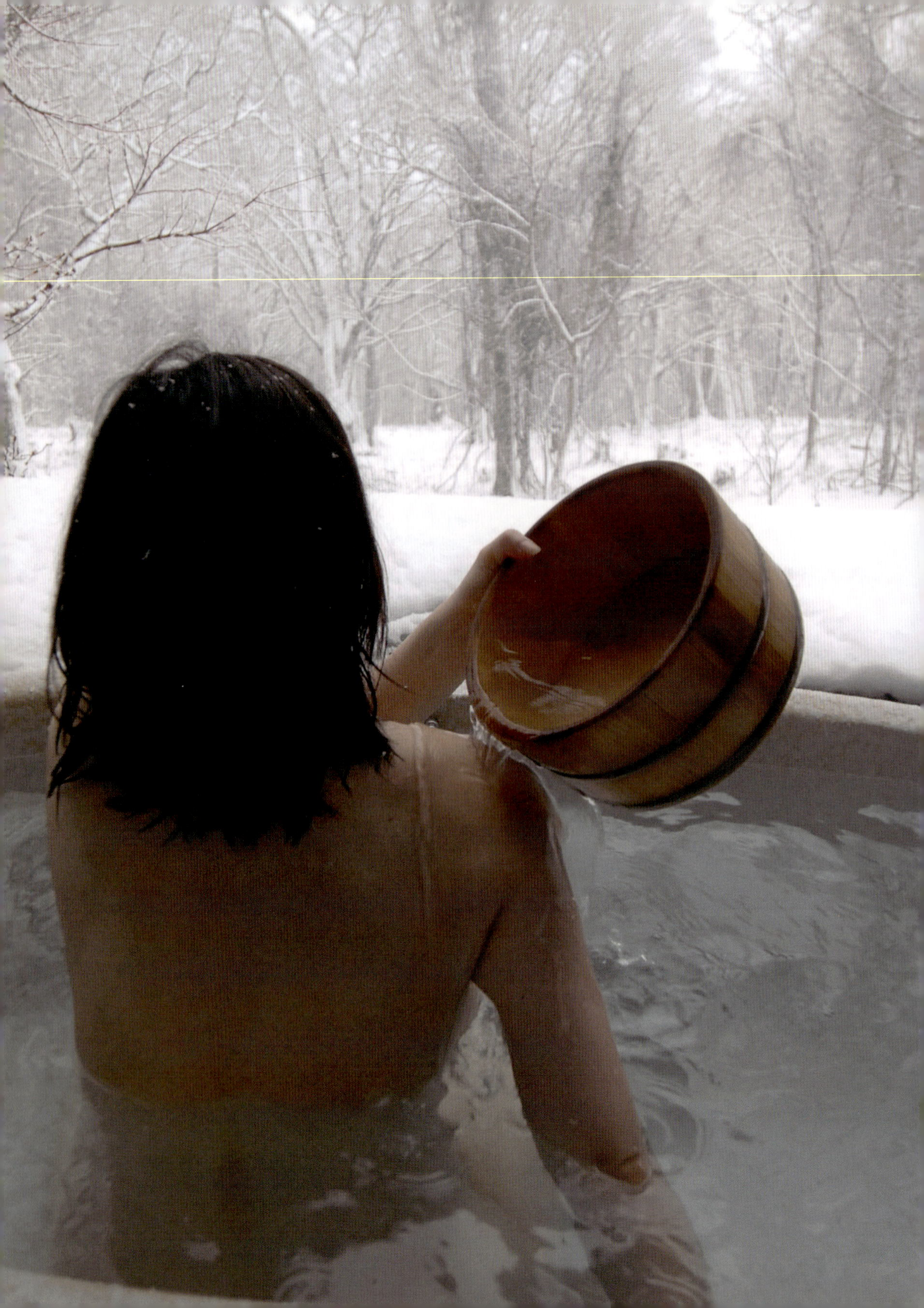

目　次

1 「自然さ」と裸のプレゼンテーション　5
　本書はどのような読者を
　　　対象としているのか？　6
　人は裸で生まれてきた　6
　裸のプレゼンテーションとは？　10
　プレゼンテーション世代　17
　本書の構成　24

2 「準備」を最優先する　29
　一人きりの時間を作る　30
　目的を見極める　33
　物語の力　43
　準備のステップ　49
　プレゼンテーション当日　56

3 聴衆と心を通わせるための
　　3つのポイント
　　──「パンチ」、「存在感」、
　　　「プレゼンターの印象」　63
　オープニングには
　　　パンチが必要である　64
　存在感を確立する　76
　聴衆に与える印象を大切にする　82
　自信を得る　88

4 「情熱」、「近接」、「遊び心」によって
　　聴衆の心をつかむ　99
　情熱を見せる　100
　感情に訴える　106
　「近接」によって交流をはかる　114
　遊び心を発揮する　122

5 「ペース」に気を配り、
　　聴衆の「参加」を促す　135
　ペースに変化を持たせる　136
　作戦を変更する　140
　聴衆の参加を促す　148

6 インパクトのあるエンディングを
　　演出する　163
　心に残るエンディングを
　　　生み出す　163
　効果的なエンディングを
　　　演出する　167
　裸のプレゼンターのための
　　　Q&Aセッション　173

7 「粘り強さ」を持って前進し続ける　185
　至るところに
　　　教訓は存在している　187
　誰もが向上の可能性を
　　　持っている　188
　「自然さ」と「インパクトのある
　　　プレゼンテーションのための
　　　3つの『C』」　193

インデックス　200

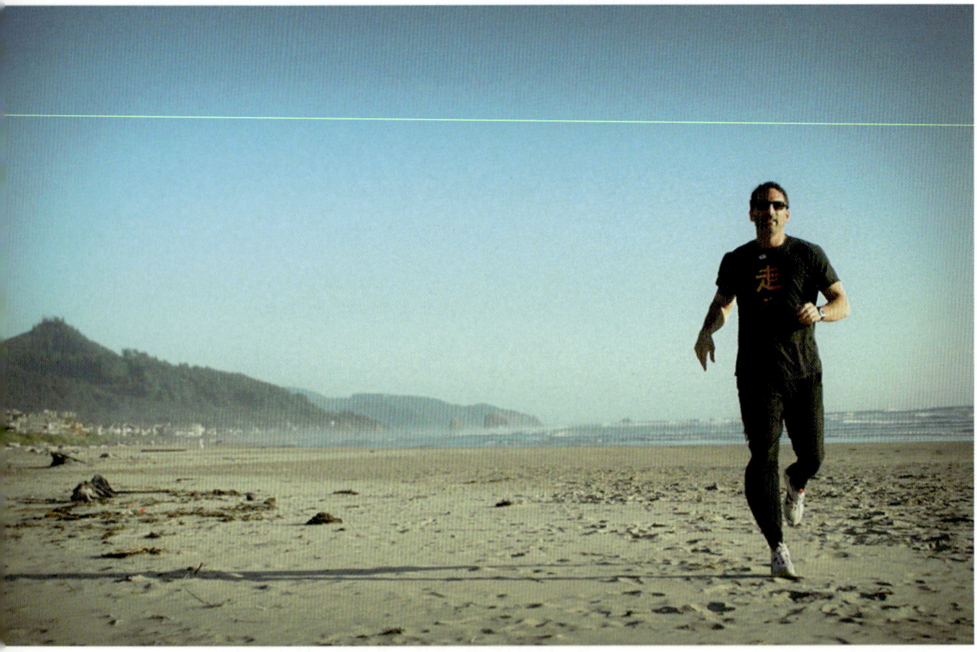
走

謝　辞

　私にさまざまな助力を与えてくれた、以下の多くの人々に感謝の念を捧げたい。素晴らしい助言と信じ難いほどの忍耐力で私を支援してくれた、偉大なる編集者カーリン・ジョンソン、デザインを手伝ってくれたミミ・ヘフト、才能を発揮し、根気よく支えてくれた、プロダクション・エディターのヒラル・サラ、レイアウトを手伝ってくれたキム・スコット、マーケティング活動に尽力してくれたサラ・ジェーン・トッド。

　常に私を支えてくれた、ナンシー・デュアルテとマーク・デュアルテ、および、ポーラ・ティッシュ、クリスティン・ブレイジーをはじめとする、シリコンバレーのデュアルテ・デザイン社の優秀なスタッフ全員。

　温かい言葉とインスピレーションを与えてくれた、セス・ゴーディン、ミッチ・ジョエル、ロバート・スコーブル、ガイ・カワサキ。見識あるアドバイスを与えてくれた、デリン・ヴェリティ、ケイジ・エノモト、ダヴィデ・ジリオ。数多くの写真を提供し、多大なる支援を与えてくれた松岡純平、および iStockphoto.com の素晴らしいスタッフ全員。必要なときにいつもそこにいてくれたデザイナーの中本眞由美。

　本書に多大なる貢献を果たしてくれたクリス・クラフト、パム・スリム、フィル・ワクネル、レス・ポーゼン。アイデアやインスピレーションを与えてくれた、デビー・ソーン、CZ・ロバートソン、リック・ブレトシュナイダー、ハワード・クーパースタイン、レイチェル・クーパースタイン。ビーチで素晴らしい宿を提供してくれたマーク・レイノルズとリズ・レイノルズ。

　山本繁樹、トム・ペリー、ダレン・サウンダーズ、ダニエル・ロドリゲス、デヴィッド・ボールドウィン、ネイサン・ブライアン、ジェリー・メステッキー、ダグ・シェーファー、バリー・ルイ、マイケル・ボブローブ、ダニエル・クウィントナー、ヤマダ・ケイゾー、ナカオカ・ユウコ、その他多くのビジネス＆デザイン・コミュニティの人々。貢献と友情を示してくれた東京のパトリック・ニューウェル。

　さまざまな見識と助言を与えてくれた関西外大のヒロモト・レイコ、毎日親しげな笑顔で迎えてくれる、フジノ・マホをはじめとする地元のスターバックスのスタッフ全員。

　「プレゼンテーション zen」ブログの購読登録をしてくれている何千人もの人々。ニュージーランドのオリヴィア・ミッチェル、マイク・ブラウン、ナターシャ・ランパードをはじめとする、長年にわたって私と連絡を取り、自分の経験やエピソードを伝えてくれた全てのブログ読者たち。

　そしてもちろん、一番お世話になっているのは、毎日私を笑わせてくれる、妻と娘の二人である。

最も大切なのは、
ありのままの自分を表現することである。

―― 鈴木　俊隆

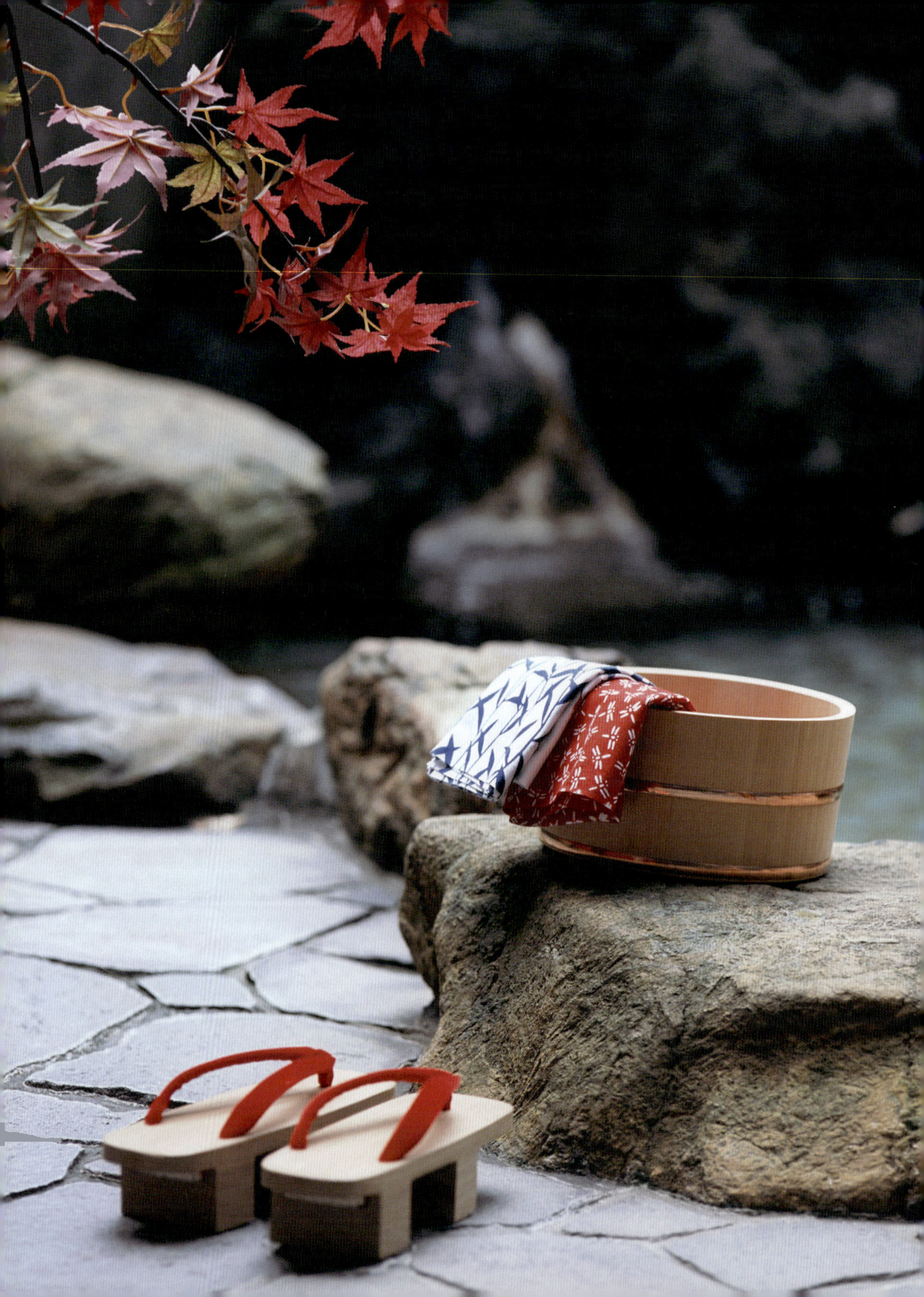

「自然さ」と裸の
プレゼンテーション

　日本に住み始めてまだ数カ月の頃のことだった——私は丸裸の同僚たちに囲まれ、広々とした露天風呂で熱いお湯につかっていた。会社の慰安旅行で、社員そろって温泉に来ていたのだ。旅行の目的は仕事ではなく、のんびりすること——会社の仲間とひたすら飲んで、食べて、楽しむことだった。「堅苦しいオフィスを離れることで、上司や部下の間に自然でのびのびしたコミュニケーションが生まれ、人間関係がより親密になる。こうした人間関係こそ、長い目で見ればビジネスに役立つんだ」私の上司はこう教えてくれた。宴会で飲み食いすることは「温泉体験」の重要な一部。裸になって一緒に風呂につかることもまた、欠かせない要素である。こうすることで仲間の絆が強まると言われている。私が「裸の付き合い」という言葉を初めて知ったのはこのときだった。上司によれば、風呂は日本人の生活の重要な一部であり、一緒に風呂につかるという行為そのものが、健全なコミュニケーションや親密な人間関係の象徴なのだという。「裸になれば、みな同じ。上司も部下も関係ない」ということらしい。他人行儀な態度を捨て、心の壁を取り払って裸になれば、コミュニケーションはぐっと深まり、互いに心が通じ合い、相手の考えが読めるようになる。「裸の付き合い」において、仲間と一緒に風呂につかることは、ありのままの自分の姿を見せ、「赤裸々な真実」を打ち明けることを意味する。この「全てをさらけ出そうとする精神」から、よりスムーズな、腹を割ったコミュニケーションが生まれてくる。こうした精神はプレゼンテーションにも応用できるはずだ。

本書はどのような読者を対象としているのか？

　本書は、プレゼンテーションの改善にあたって、聴衆を引き込む力を本格的に磨きたいと強く願う人々に向けたものだ。プレゼンテーションを行う必要に迫られている人は大勢いる。この本が特に対象としているのは、ビジュアルのデザインにはある程度自信があるが、プレゼンテーション実施のテクニックや、聴衆と心を通わせる能力については、さらなる向上を目指したいと思う人々である。

　私のプレゼンテーション法は「抑制」「シンプル」「自然さ」という原則に従っている。これら3つの原則は、プレゼンテーションのあらゆる側面において重要なものだが、「抑制」と「シンプル」は特にメッセージの準備や、ビジュアルのデザインにおいて大きな意味を持っていると言える。

　私の最初の2冊の本──『プレゼンテーションzen』と『プレゼンテーションzen デザイン』──は「準備」や「デザイン」を中心に扱っていた。本書は（冒頭で「準備」に関連する問題に軽く触れているのを除いて）もっぱらプレゼンテーションの「実施」に重点を置いている。この本は日本の温泉や「裸の付き合い」という概念（『裸のプレゼンター』というタイトルはこれに由来する）に触発されたものであり、自然から学ぶことを重視する禅の美学の影響を強く受けている。それゆえ、全体の基調をなしているのは「自然さ」というテーマである。聴衆と自然に心を通わせ、人々の記憶に残るような、インパクトのあるプレゼンテーションを行うための一助となること──本書で紹介する数々のアイデアの目的はそこにある。

人は裸で生まれてきた

　（東京や大阪のような超近代的な大都会の喧騒の中では、とてもそうは思えないときもあるが）自然は日本文化において中心的な役割を果たしている。露天風呂はくつろぎや瞑想の時間を与えてくれる。それはまた、周囲の自然との一体感を得られるときでもある。こうした状況下で味わう「自然な感覚」は、まさに解放感そのものだ。禅の研究者である鈴木大

拙（1870-1966）は、日本人の自然に対する深い愛情をしばしば話題に取り上げ、自然との一体感への憧れは、あらゆる人々の心の奥底に存在すると述べている。「どんなに『文明化』され、人工的な環境で育てられたとしても、我々はみな、野生状態に似た、原始的な単純性への憧れを生まれながらにして持っていると思われる」鈴木はそう語る。

　自然、あるいは「自然な感覚」に対するこうした欲求があるからといって、我々は原始時代へ戻ることを望んでいるわけではない。ただ、もっと自由に思いを表現したり、生々しい体験をしたり、他者や周囲の環境と心からつながっている感覚を味わったりすることに憧れているだけだ。こうした「自然さ」への憧れは、今日の我々の仕事にも応用可能である。例えば、今日の「文明化」された、ハイテクな環境の下でコミュニケーションを行う場合でも、人は本質的にある種の「原始的な単純性」を求めるようにできている——もっと自由に、自然に、のびのびとした感覚で他人と触れ合いたいと思っているのだ。わかりやすい説明、価値のあるデータ、ピンとくるエピソード、ざっくばらんな会話。人はそういったものを求めている。それにもかかわらず、あいまいな物言いや、焦点のぼけた話、そしてPowerPointスライドの大量攻撃に出くわすことが多すぎるように思う。これでは肝心のメッセージは伝わらず、聴衆と一つにつながったという手応えも感じられない。

プレゼンテーションと「自然さ」

　プレゼンテーション・テクノロジーは長年にわたって進化を遂げてきた。だが、これはプレゼンテーション自体のレベルが格段に進歩したことを意味するわけではない。「パワーポイントによる死」はいまだに健在だ。とはいえ、バート・デッカー、ジェリー・ワイズマン、カーマイン・ガロといったコミュニケーションの専門家や、ナンシー・デュアルテ、クリフ・アトキンソンをはじめとするプレゼンテーション・デザインの第一人者たちのおかげで、事態は改善しつつある。デジタル・テクノロジーが日々進化するにつれて、プレゼンテーション技術にも変化が生じているが、効果的なプレゼンテーションを生み出すための原則は、いつの時代も基本的に変わらない。今も昔も、プレゼンテーションを実施する際の「自然さ」が鍵となる。

　こうした「自然さ」は、無理やり作り出せるようなものではない。伝説的な著述家、デー

ル・カーネギーは言う。「真に効果的なスピーチをするためには、訓練を積んできたことを決して聞き手に悟られないように、これ以上ないほど自然な口ぶりで語らなければならない」。どんなに技術を磨いたとしても、どれほど大量のデジタル・ツールをプレゼンテーションに取り入れたとしても、そうした技術やツールは、あくまで物事をわかりやすく、シンプルにするために、そして、話し手と聞き手の間に生じる親密な一体感を支えるために使われるべきである。テクノロジーや最新のツールは、我々の能力を大きく広げ、メッセージを増幅してくれる可能性がある。だが、それらは分別をもって、控え目に利用すべきであり、違和感のない、自然な形でプレゼンテーションに取り入れなければならない――さもないと、こうしたツールはコミュニケーションを妨げる障壁になってしまうだろう。

ジャズとテクノロジー

　ジャズとプレゼンテーションはあらゆる面で多くの共通点を持っている。ジャズは複雑で奥が深い反面、シンプルで親しみやすい音楽でもある。ジャズは、明快でストレートなものを深遠な形で表現することによって、複雑かつシンプルな音楽を作り上げているのだ。ジャズにも型やルールがある――だが、こうした制約の中には、大きな自由が存在している。何より、ジャズはナチュラルな音楽だ。スピーチであれ、音楽の演奏であれ、コミュニケーションや聴衆との一体感は、常にツールを超越する。確かにテクノロジーは偉大だが、それは単なる道具に過ぎない――アメリカのジャズ・トランペッターであり作曲家でもあるウィントン・マルサリスは、そのことを思い出させてくれる。2009年のAuthors@Google（さまざまな本の著者を招いて行うトークイベント）において、マルサリスはテクノロジーとジャズについてこう語っている。

> 道具が進歩したからといって、自分たちも進歩したと感じるのは間違っている。魂のテクノロジーは、長いこと変わっていないからだ。テクノロジーの進歩に頼って、自分たちが進歩したように見せかけているケースも多い。ジャズはそういうものじゃない。ありとあらゆるシンセサイザーをかき集めても、スイングするのは無理だろう……この音楽は、人類とその創造性への賛歌なんだ。
> 　　　　　　　　　　　　　――ウィントン・マルサリス

どんなに目覚ましいテクノロジーが登場しようが、どれほど多くの機能やエフェクトが加わろうが、マルサリスの言う「魂のテクノロジー」は決して変わることがない。プレゼンテーションにおいても、このことを肝に銘じるべきだ。PowerPointやKeynote（あるいはPreziのような新しいツール）といったテクノロジーが役に立つかどうかは、そうしたツールがどれだけ効果的にメッセージを伝え、物事をわかりやすく、印象的な形で説明し、コミュニケーションの基盤である人と人の心のつながりを深められるかにかかっている。マルチメディアは、効果的に使えば、こうした役割を果たすことができる。だが、往々にして、マルチメディアを用いたプレゼンテーションは不首尾に終わる。それは、プレゼンターがテクノロジーやビジュアルばかりに精力を注ぎ、聴衆と心を通わせることをおろそかにしているからである。

スピーチであれ、音楽の演奏であれ、大切なのはツールではなく、聴衆と心を通わせながら、心のこもったパフォーマンスを行うことである。（写真提供：ニコラス・パパジョルジュ）

裸のプレゼンテーションとは？

「裸のプレゼンテーション」の本質は、聞き手が3人であれ、3000人であれ、明快かつ率直なスピーチで彼らを引き込み、心を通わせることにある。「裸になる」とは、聞き手本位で考えるということである。それは何事も包み隠さず、あえて無防備な自分の姿をさらすことを意味する。また、全てを裸にするためには、無駄なものを全部剥ぎ取り、メッセージの本質をむき出しにしなければならない。裸のプレゼンテーションは「シンプル」「誠実」「情熱」といった考えを信奉している。このアプローチは少々なれなれしい印象を与える（場合によっては、生意気なやつだと思われるかもしれない）。だがそれは、プレゼンターと聴衆の両者に、大きな満足感をもたらしてくれる。話し手の本当の人柄が伝わるからだ。

裸のプレゼンターは、何事にもとらわれない。あれこれ思い悩むことがない。他人にどう思われるかを気にしたりしないし、自己不信に陥ることもない。人目を引くトリックや仕掛けや、それらを成功させなければならないというプレッシャーとも無縁だ。彼らは何かの陰（スライドの陰を含む）に隠れたりしないし、（隠れることに伴う）自分の姿をさらすことへの恐怖と闘わなくてもすむ。裸のプレゼンターはあらゆる障壁を取り払い、その一瞬に完全に集中し、聴衆を引き込んでいく。マルチメディアを使う場合も、スピーチに見事に溶け込み、メッセージと調和したものになっている。シンプルで十分に練られたビジュアルは、スピーチとうまく連動しているが、決して出しゃばることはなく、名脇役として聴衆を引き込むのに役立っている。

裸のプレゼンテーションを行うのは難しい。我々にはそうした習慣が身についていないからだ。しかし、昔からそうだったわけではない。子供の頃、小学校のクラスメートの前で「ショー・アンド・テル」（自慢の一品を見せながらみんなに説明する授業）をやったときは、何の遠慮もなく、夢中でしゃべっていたはずだ――つい本音がもれてしまい、クラスメートの爆笑を誘ったり、教師を赤面させたりしたこともあっただろう。しかし、そうしたスピーチには真実味があった。わずか6歳にして、我々は優れたストーリーテラーになり得たのだ。現在の我々は、経験を積み、成熟し、学位や深い専門知識を手に入れたにもかかわらず、退屈なプレゼンターに成り下がっている。大人になった我々がつまらないスピーチしかできなくなるのは、慎重になり過ぎるからだ。我々は失敗を恐れ、全てをそつなく完璧にこなそうとする。そして、あれこれ考えすぎた結果、聴衆との間に大きな壁を作ってしまう。我々は自分をさらけ出すことを恐れ、無意識のうちに安全地帯へ引きこ

もる。明かりを消した暗い部屋で、何の感情も込めず、大量の箇条書きの陰に隠れたまま、全てを無難に済まそうとするのだ。これでも一応情報を提供しているんだから、クビになることはあるまい。そうだろう？　だが、もし聴衆が眠っていたとしたら、あるいは、全く話を聞いていなかったとしたら、あなたの情報リストには何の意味もなくなってしまう。

パフォーマンスではなく、会話だと考える

　プレゼンテーションをパフォーマンスになぞらえたくなるのは人の常である。あなたは大勢の前でライトを浴びてステージに立つ。彼らはあなたから何かを受け取るためにそこに来ている。パフォーマーから学べること——緊張をほぐす方法や、よく通る声の出し方など——はいくつもある。とはいえ、プレゼンテーションはパフォーマンスというより、むしろ会話だと見なした方がずっといい。私は先ほど、プレゼンテーションとジャズには多くの共通点があると述べた。では、ジャズ・ミュージシャンの演奏は「パフォーマンス」ではないのか？　たいていの人々はパフォーマンスだと答えるだろう。だが、アートとしてのジャズは、むしろ会話にずっと近いものがある——ジャズ・ミュージシャンは他者への共感に満ち、彼らの声にじっと耳を傾けられる人間でなければならない。ウィントン・マルサリスはジャズを「対話の音楽」と呼んでいる。

ステージに立ち、みんなから注目を浴びているときも、パフォーマンスではなく、会話をするような気持ちでスピーチしよう。

今日のコミュニケーションの専門家たちも口をそろえて、優れたスピーチやプレゼンテーションは、会話のような印象を与えるべきだと主張する。管理職向けのコミュニケーション・コーチとして有名なグランヴィル・トゥーグッドは、スピーチ然とした「パフォーマンス」ではなく、会話型のアプローチを取ることを勧めている。「みんなの前に立って何かを言うとき、それをいちいちスピーチだと思わないようにしよう——実際、それはスピーチではないのだ。あなたが行っているのは、『大規模な会話』である」。著書『The Articulate Executive』（McGraw-Hill）でトゥーグッドはそう語る。プレゼンテーション・コーチのジェリー・ワイズマンもまた『アメリカの企業家が学ぶ世界最強のプレゼン術』（WAVE 出版）において、パフォーマンス式ではなく会話式のプレゼンテーションを行うことの重要性を取り上げている。ここでもやはり、重点が置かれているのは、パフォーマー（99％の人々はそれに該当しない）になる方法の伝授ではなく、人々が「自然な」プレゼンターになれるように支援することである。同書の冒頭で、ワイズマンはプレゼンテーション・コーチとしての経歴に触れ、「私の目標は、自分が教えているビジネスマンが自然に名プレゼンターに育つように仕向けることだった」と語っている。

プレゼンテーションをパフォーマンスやスピーチではなく、「大規模な会話」だと考えよう。

ありのままの自分を表現する

　「自然な」プレゼンテーションは、堅苦しい一方的な講義であってはならない。むしろ、友達や同僚との会話のようなつもりでプレゼンテーションを行った方がいい。あるいは、教師と生徒の会話、師匠と弟子の会話、科学者同士の会話を思い浮かべるのもいいだろう。こうした会話は全て、ごく自然なやり取りによって、親密な心のつながりを生み出している。鈴木俊隆著『禅へのいざない』（PHP研究所）のコミュニケーションを扱った一節にも、これと似た考えが述べられている。次のくだりは、「自然な」プレゼンテーションについての私の主張とどこか通じるものがある。

> 禅は所作、すなわち振る舞いを重んじる。ここで言う「振る舞い」とは、ある特定の様式に従って行動すべきだという意味ではない。むしろ、ありのままの自分を表現することを指す。我々が重視するのは率直さである。人は自らの心や感情を偽ることなく、自分の姿を率直に表現しなければならない。そうすれば、もっと聞き手に理解してもらえるようになる
> 　　　　　　　　　　　　　　　　　　　── 鈴木　俊隆

　禅とコミュニケーションに関するこうしたシンプルな考え方は、日々のプレゼンテーションや会議、ビジネス交流会などにも応用できる。つまり大切なのは、腹を割ってありのままの自分を表現することであり、頭で覚えた「正しい振る舞い方」や「正しいプレゼンテーション法」に従うことではないのだ。鈴木もこう言っている。「意図的に自分を飾ることを一切やめて、ありのままの自分を表現することが最も大切である」。

フィル・ワクネル

フィル・ワクネルは素晴らしいスピーカー、著述家、プレゼンテーション・コーチである。彼はパリを拠点とするプレゼンテーション制作会社、Ideas on Stage の共同創立者であり、ビジネスパートナーのピエール・モルサとともに同社を経営している。

www.ideasonstage.com

フィルは裸のプレゼンテーションを、「よろいを脱ぎ、刀を置いた侍」になぞらえ、貴重なアドバイスを聞かせてくれる。

裸のプレゼンテーション

侍は刀を持ち、よろいに身を固めて戦いに出る。「裸」で戦うということは、防具を付けずに素手で戦うことを意味する。裸のプレゼンテーションとは、よろいを脱ぎ捨て、刀や盾を置いて、言わば「一対一」で聴衆と向かい合うことだ。そこでは、プレゼンターにとってはメリットがあるが、聴衆にとってはそうでないものは、全て排除しなければならない。それは、偽りのない真実を見せること——本当の自分をさらけ出すことである。

壁を取り払う

あなたは聴衆と心を通い合わせなければならない。聴衆から距離を置いたまま、あるいは壁に隠れたままで、それを行うのは困難だ。演台の後ろに立つのはやめよう。それは「上から話している自分」と「下で聞いている人々」という感覚をますます強調するだけだ。あなたが本当にやりたいのは、聴衆との「コミュニケーション」であって、単なる「一方的なスピーチ」ではない（ましてや、「上から目線」で説教することではない）。聴衆のそばに歩み寄ろう。スペースや音響の面で特に支障がなければ、時々聴衆の中に入って歩き回るようにするといい。

武器を置く

戦士は敵に猛攻撃を仕掛け、勝負に勝とうとする。同様に、多くのプレゼンターは聴衆にデータの連打を浴びせかけ、無理やり降伏させようとする。

裸のプレゼンテーションとは、自分の正しさを相手に納得させることが目標ではないこと

に気付き、武器を下ろすことを意味する。たとえ相手を丸めこむことができても、それは単なる一時しのぎにすぎない。聴衆をデータ攻めにするのは確かに簡単だが、こうした方法は決して効果的ではない――効果的なコミュニケーションを目指さない人間は、そもそもプレゼンテーションなどするべきではないのだ。

　自分の知識レベルではなく、聴衆のレベルをスタート地点にしよう。聞き手の考えを改めさせる必要がある場合は、彼ら自身がその必要性に気付くように仕向けるといい。彼らが思考のプロセスを重ねるうちに、自然に意識改革が起こるようにするべきである。聴衆の心をつかみ、新たな方向性を指し示し、彼ら自身がその方向性を模索したくなるようにうまく導いてほしい。

よろいを脱ぐ
　裸のプレゼンテーションの最大の難関は、身にまとったよろい――自分を守り、安心感を与えてくれるもの――を捨て去ることだ。真っ先に排除すべきなのは、スライドに書かれたメモに頼ることである。後ろの壁をいちいち見なくてすむように、入念な準備をしよう。同時に、スライドは一切の無駄を排除したものでなければならない（もしスライドが必要であれば、の話だが）。シンプルかつ明快で、メッセージに直結したスライドを用意しよう。次に脱ぐべきよろいは、プレゼンテーションの進行表――次に何が起こるかわかっているという安心感――である。賢い侍は、実戦で当初の戦術が機能しないときは、臨機応変に戦術を変えてくる。プレゼンターもまた、聴衆やその場の状況に合わせて柔軟な対応をすべきである。

　尊大な態度を捨て去ろう。こうしてプレゼンテーションを行っているのは、あなたが偉い人物だからではない。偉いのは聴衆の方である。文字通り高いところから聴衆を見下ろしたまま、彼らと心を通わせるのは難しい。あなたは人々を感心させるためではなく、彼らとコミュニケーションをするためにそこにいるのだ。

自分を解き放つ
　最後のポイントは、自意識を捨て去ることである。あなたは自分のためではなく、聴衆のためにそこにいる――自分のメッセージを効果的に伝えること以外に、個人的な目的や心配事は存在しない。自分のやり方が受け入れられないのではないかと悩む必要もない。自分を飾ることなく、自然体でプレゼンテーションに臨み、聴衆に最大限の配慮を払うようにしよう。そして「あとは何とかなるさ」と気楽に構えればいい。実際、何とかなるものなのだ。

退屈なプレゼンテーションは許されない

　のびのびとした会話型のアプローチの鍵は、聴衆との自然なコミュニケーションを妨げる要素を排除することにある。メモをそのまま読み上げること、演台の後ろに立つこと、十分なアイコンタクトを取らないこと、ぼそぼそした声でしゃべること、わかりにくい専門用語を使うこと、言葉遣いが堅苦しく、聴衆の感情に訴えたり、好奇心を刺激したりできないことなどがそれにあたる。

　科学者や技術者というのは、決まって無味乾燥で退屈なスピーチをするものであり、自分の研究が一般大衆にとってどんな意義があるのかをわかってもらえないのが常だ――そう思っている人もいる。だが、それは間違っている。例えばリチャード・ファインマンはノーベル賞を受賞した素晴らしい科学者だが、同時に情熱的な教師であり、コミュニケーターでもあった。彼は熱のこもった明快なスピーチによって、学生や一般の聴衆を魅了することができた。カール・セーガンもまた、ご存知の通り、宇宙についてわかりやすく情熱的に語ることができる人物として知られていた。今日、私が最も敬愛するコミュニケーターの一人――ニール・ドグラース・タイソン――もまた科学者だ。彼は天体物理学者であり、素晴らしい知性と、周囲の人々を巻き込むような強い好奇心の持ち主である。彼は会話型の自然なスタイルを使い、卓越した手腕をもって、聴衆に知識と感銘を与えてくれる。

　職業やバックグラウンドは関係ない――自分の専門分野が科学であろうが、技術であろうが、職業がビジネスマンであろうが、教師や学生であろうが、退屈なプレゼンテーションに弁明の余地はないのだ。

プレゼンテーション世代

　今日、聴衆の脳全体(ホールマインド)を刺激するような、インパクトのあるプレゼンテーションを行う能力は、かつてないほど重要視されている。現代は「プレゼンテーションの世代」だと言う人さえいる。視覚的で、わかりやすく、情熱に満ちたスピーチをする能力は、従来にも増して重要なものになっている——その一因として、（主にオンライン動画のおかげで）個人のスピーチが大勢の人々の目に触れるようになったことが挙げられる。あなたがしゃべったり、視覚的に伝えたりした内容は、低コストで簡単にHD動画に収めることができ、全世界の人々に向けて公開することができる。あなたのスピーチやプレゼンテーションには、物事を変える（さらには世界を変える）力が秘められている。それは単なる言葉の力をはるかに超えている。言葉は確かに重要なものだ。しかし、言葉だけのことなら、詳細な文書を作成して配布すれば済むし、それで終わりである。一方、効果的なプレゼンテーションは、言葉が持つメッセージを大きく増幅してくれる。

　イギリスのオックスフォードで開催された2010年のTED会議において、TEDの運営者クリス・アンダーソンは、革新的なアイデアを広める上で、オンライン動画は大きな威力を持つと語っている。しかし彼は同時に、相手と直接向き合って行うコミュニケーションやプレゼンテーションにもまた、変革をもたらす大きな力があると言う。通常、情報を取り入れる速度は、目で読んだ場合の方が速くなる。アンダーソンもこの事実を認めている。しかし、さっと読んだだけでは、その豊かさや奥行きが十分に伝わってこないことも多い。プレゼンテーションの強みの一つは、視覚的なインパクトや、「ショー・アンド・テル」的な要素にある。ビジュアルや構成、ストーリーなどは（ネット上で公開されている録画版も含めて）プレゼンテーションの魅力的な側面だ。しかし、プレゼンテーションの魅力はそれだけにはとどまらないとアンダーソンは言う。

（プレゼンテーションでは）単なる言葉よりはるかに多くのことが伝わる。こうした非言語的な部分——ジェスチャーや声の調子、顔の表情、アイコンタクト、熱意、英国風のぎこちない仕草、聴衆の反応を感じ取る力——の中にこそ、本物のマジックが潜んでいる……無意識のうちに感じ取った何百もの手掛かりが、聴衆の理解度や感動を左右するのだ。

——クリス・アンダーソン

「人間は一対一のコミュニケーションを取るように生まれついている」。アンダーソンはそう語る。「一対一のコミュニケーションは、何百万年にわたる進化の中で、磨きをかけられてきた。そうやってこの不思議な魔法が生まれたのだ。誰かがしゃべる。すると聞いている人々の脳に共鳴が起こる。その結果、集団全体が一つになって動き始める。こうした結合組織は、多数の個体から成る一つの大きな生命体を形作っていく。この巨大な生命体が何千年にもわたって我々の文化を突き動かしてきたのである」。

デジタル時代において、素晴らしいプレゼンテーションや優れたアイデアは、瞬時に世界を巡り、何百万もの人々の目に触れることになる。

プレゼンテーションのレベルを上げ、差別化をはかる

　ここ数年、プレゼンテーションをめぐる状況は改善してきている。多くの研究者やビジネスマン、教師、学生がすでに開眼し、論理と感情の両方に訴えかけるようなプレゼンテーションを生み出し始めた。彼らの場合、マルチメディア等のビジュアルも、ありきたりなテンプレートではなく、デザインの基本原則に従った、考え抜かれたものになっている。TEDのような組織が実証しているように、よく練られた魅力的なプレゼンテーションは、人々を教え、説得し、触発するという点で、大きな価値と影響力を持つ。プレゼンテーションの最前線では、事態は着実に進歩していると言える。しかし、全体的に見れば、ビジネスや学問の世界で行われているプレゼンテーションの大半は恐ろしく退屈なものであり、（たとえその内容が重要だったとしても）聴衆と心を通わせ、彼らを引き込むことができているとは言えない。

　プレゼンテーションの質に関して言えば、レベルは比較的低いままだ（とりわけ、マルチメディアを用いて行われるものについてはその傾向が強い）。これはまんざら悪い知らせではない——むしろ、チャンスであると言える。周りと差をつけるチャンスだ。あなたは広める価値のある貴重なアイデアを持っている。もうためらっている場合ではない。今日、世界で成功を収めている、革新的な企業や組織に目を向けると、その多くが個人的・創造的な貢献を奨励している。こうした気風がある以上、自分の仕事やアイデアを売り込むプレゼンテーションに対して、尻込みしているわけにはいかない。人生は短い。現状（あなた自身のキャリアアップを含む）を変えたいなら、自分自身、および自分のアイデアをプレゼンテーションする方法は、きわめて重要な意味を持ってくる。人とは違うところを見せようではないか。

風呂から学ぶ7つの教訓

　風呂は日本人の生活にとってなくてはならない要素である。日本料理を食することが単なる栄養補給にとどまらないのと同様に、入浴は単に体を清めることよりはるかに大きな意味を持つ。銭湯は世代を超えて、町の中心であり、住民たちの社交場だった。人々は風呂に入るためだけではなく、おしゃべりをしたり、友人に会ったり、地域の人々とのつながりを感じるためにそこへやってきた。現在はどこの家にも内風呂があるため、銭湯の数は減っているものの、家の風呂であれ、旅行先の温泉であれ、地元の銭湯であれ、風呂に入ることは（伝統的に自然と深く結び付いてきた）日本人の生活様式において、依然として大きな意味を持っている。

　コミュニケーションやプレゼンテーションに関して、日本の風呂からどんな教訓を学べるだろうか？

　風呂とプレゼンテーションにはどんな共通点があるのか？　7つのポイントを紹介しよう。

日本の天然温泉

1．あらかじめ準備を済ませる。

　日本では湯船に入る「前に」、時間をかけてしっかりと体を洗わなければならない。プレゼンテーションも、舞台に立つ「前に」入念な準備をすべきである。

2．丸裸になる。

　パンツや水着は許されない。（小さな手拭いを除いて）一糸まとわぬ姿で温泉や銭湯の洗い場に入る必要がある。裸のプレゼンテーションとは、無駄なものを取り除き、最も重要な部分をさらけ出すことである。裸のプレゼンターは逃げ隠れせず、堂々と舞台の中央に立ち、自分のメッセージを聴衆の心に響かせなければならない。

3．仮面を脱ぎ、壁を取り払う。

　服を脱ぐことは、象徴的な意味において、我々を隔てているうわべの飾りや壁を取り払うことを指す。今日のプレゼンテーションにおけるビジュアルは、論点を強調するためではなく、保身の道具として使われることがある。そうした場合、雑然としたビジュアルそのものが注意力を散漫にし、かえってコミュニケーションの障壁となってしまう。裸のプレゼンテーションのビジュアルは、曖昧さを排し、メッセージをくっきりと浮き彫りにする。裸のプレゼンターは、デザイン上の優先順位がはっきりした、シンプルなビジュアルを生み出す。こうしたビジュアルは聴衆の視線をスムーズに誘導することができる。

4．吹きさらしの風に身をさらす。

　風呂の中でも最高なのが「露天風呂」である。とりわけ、秋や冬の露天風呂は格別だ。熱い湯とひんやりした空気が、体を生き返らせてくれる。裸のプレゼンテーションは、悩みや自信喪失から解放されることを意味する。トリックを仕掛けたり、聴衆を欺いたりすることとも無縁である。プレゼンターは何も包み隠さず、吹きさらしの風に身をさらす。少々無防備だが、彼は自信に満ち溢れ、その瞬間を真に生きている。

5．裸になればみな同じ。

　裸になれば、ステータスや上下関係は目立たなくなる。最上のプレゼンテーションは一方的な講義のようなものではない。それはむしろ、率直でわかりやすい言葉を使った、心引かれる会話のような印象を与える。聞き手を感心させようと思ってはならない。目指すべきは、メッセージの共有であり、援助や刺激を与え、知識や情報を伝達し、誘導や、説得、動機づけなどを行うこと、すなわち、聴衆の現状を少しだけ改善することだ。あなたがどんな身分の人間であれ、プレゼンテーションは、同胞のために何らかの貢献を果たすチャンスを与えてくれる

6．時間に気を配る。ほどほどが肝心である。

　お風呂につかることほど気持ちのいいものはない。しかし、長風呂のしすぎは禁物だ。いくら体にいいことでも、度を過ぎれば毒になる。いいプレゼンターもまた、時間に気を配っている。彼らは、それが自分の時間ではなく、「聴衆にとっての時間」であることを承知しているのだ。「腹八分」（腹を八割ほど満たしたところで箸をおくこと）の概念を肝に銘じよう。予想を超えるようなプレゼンテーションを聴衆に見せてほしい。ただし、聴衆の時間を尊重し、決して予定時間を超えることのないようにしたい。終わった後に、うんざりした気分ではなく、ほどよい満足感が残るようにしよう。

7．終わったときの気分は最高である。

　風呂に入ると体が温まり、生き返ったような気分になる。重要なスピーチがうまくいった後も、インスピレーションが刺激され、体に力がみなぎってくるような感じがする。聴衆と深く、情熱的に心を通わせ、何か価値あるもの——知識や洞察、インスピレーション、あなたという人間の一部——を残せたのなら、本物の貢献を果たしたという喜びを感じることができるだろう。

裸になること、そして自然体でいることは、日本の風呂から学べる主要な教訓である。これらの教訓は、ほんの少し工夫すれば、仕事や日常生活のさまざまな側面に応用できる。至るところにデジタル・プレゼンテーション・ツールが存在する今日、「裸になること」、「自然体でいること」といった理念は、かつてないほど重要になっている。つまるところ、プレゼンテーションの目的は、人々と心を通わせ、さまざまな関係を築くことにある。こうした行為は「裸になって」やるのが一番いい。

湯船に入る前に、まず洗い場で体を清め、「準備」を済ませなければならない。

「ひんやりした空気と雪景色」そして「温泉の熱いお湯」。相反する二つの要素が、美しく清々しい「コントラスト」を作り出している。

本書の構成

　たとえプレゼンテーションの講座を全く受けたことがなくても、効果的なアプローチの基礎はすでにあなたの中にある。本書は、重要だとわかっていても、実際にはプレゼンテーションに生かされていない基本原則を再認識してもらうために書かれたものだ。

　デザイン思考の支持者として、私は「抑制」というものを信奉している。自分に制約を課すことによって、むしろ創造性や集中力が高まることもある。本書の執筆にあたって、私はプレゼンテーション実施の原則を、頭文字が「P」で始まるものだけに絞った。その数も、10（＋1）項目に制限することにした。聴衆を引き込むプレゼンテーションの秘訣を数え上げれば、たった10項目ではとても足りない（頭文字が「P」のものに限っても、10以上はあるだろう）。しかし、本書で紹介する10原則は、聴衆を引き込み、彼らと心を通わせ、その状態を維持しながら、プレゼンテーションを成功裏に終わらせる能力の磨き方を語るための、シンプルで（願わくは）覚えやすい枠組みを提供してくれるはずだ。この「P」で始まる10の原則とは、「準備（Preparation）」、「パンチ（Punch）」、「存在感（Presence）」、「印象（Projection）」、「情熱（Passion）」、「近接（Proximity）」、「遊び心（Play）」、「ペース（Pace）」、「参加（Participation）」、「力強さ（Power）」である。この他に、番外の「P」として「粘り強さ（Persistence）」を挙げている。これは生涯にわたってプレゼンターとして学び、成長し続けていく上で不可欠な資質であり、最終章のトピックの一つになっている。

　身の周りにあるさまざまなアートには、コミュニケーションやデザイン、そして人生に関する多くの教訓が潜んでいるはずだ。だが、それらはしばしば見過ごされている。私の場合、生涯にわたってジャズという音楽を学んできたことや、第二の祖国、日本において多くの禅アートを研究した経験から、数々の教訓を得ることができた。この先、本書では折にふれてこうしたアートから得た教訓を紹介し、各原則に違った角度から光を投げかけていく予定である。

まとめ

- どんなに技術を磨いたとしても、どれほど大量のデジタル・ツールをプレゼンテーションに取り入れたとしても、そうした技術やツールは、あくまで物事をわかりやすく、シンプルにするために、そして、話し手と聞き手の間に生じる親密な一体感を支えるために使われるべきである。

- 「自然な」プレゼンテーションは、堅苦しい、一方的な講義というより、むしろ友達や同僚との会話に近い。

- あなたのスピーチやプレゼンテーションには、物事を変える（さらには世界を変える）力が秘められている。それは単なる言葉の力をはるかに超える。効果的なプレゼンテーションは、言葉が持つメッセージを大きく増幅してくれる。

- 自分の仕事やアイデアを売り込むプレゼンテーションに対して、尻込みしているわけにはいかない。人生は短い。現状（あなた自身のキャリアアップを含む）を変えたいなら、自分自身、および自分のアイデアをプレゼンテーションする方法は、きわめて重要な意味を持ってくる。

アイデアはどこからやってくるかわからない。
少なくとも、ノートパソコンの中から
でないことは確かだ。

―― ジョン・クリーズ

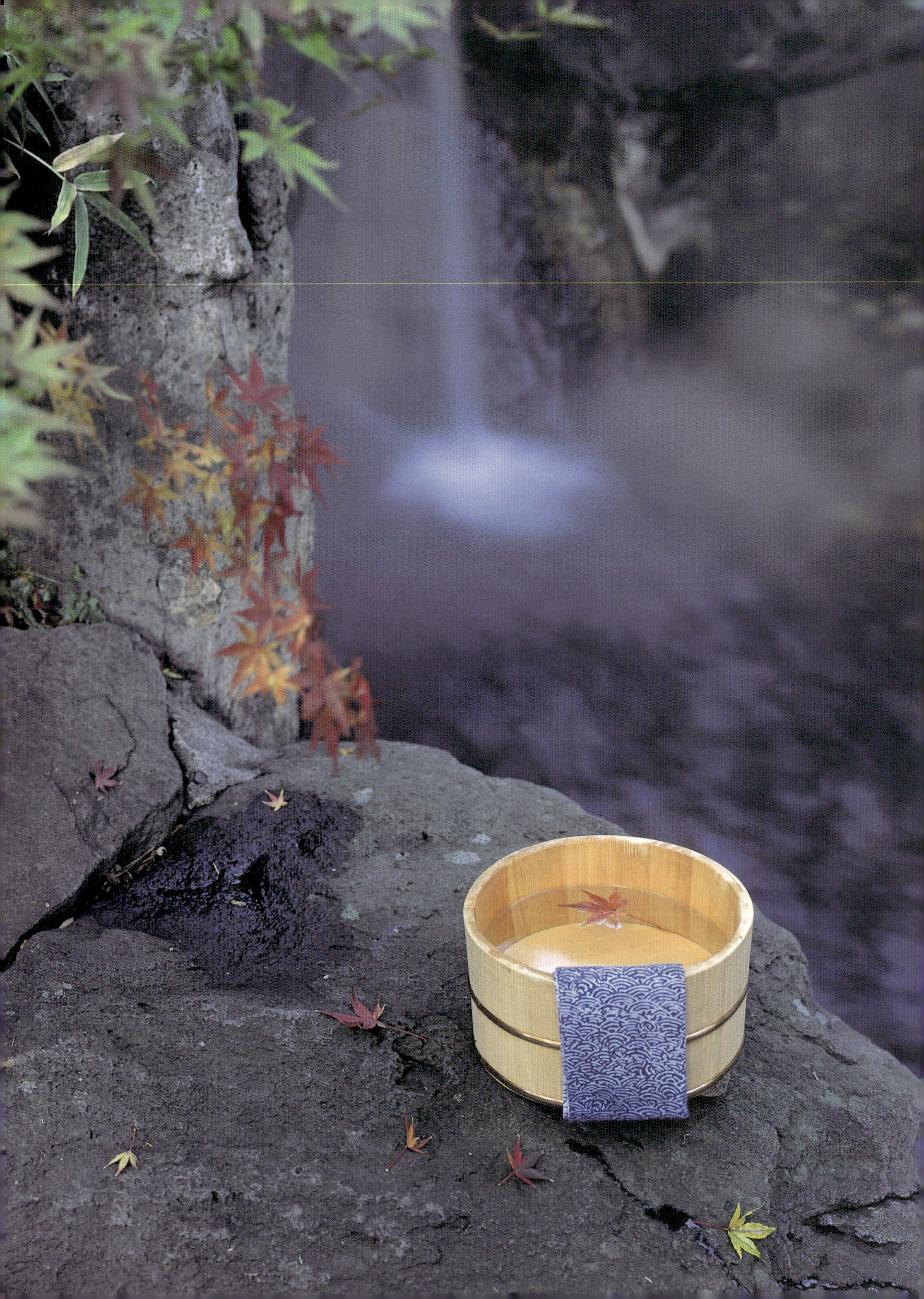

2 「準備」を最優先する

　効果的なプレゼンテーションは、しっかりした準備のたまものである。プレゼンテーションがうまくいかないのは、準備不足や「ぶっつけ本番でも何とかなるだろう」という誤った考えに端を発している。何の準備もなく、即興でプレゼンテーションをこなせる人などいない。裸になり、自然体で聴衆を引き込みたいからといって、のんびりした、いいかげんな態度で事に臨んでいいわけではない。逆説的だが、コンテンツの準備がしっかりできていなければ、「ありのままの自分」を表現することはできないのだ。準備を怠った場合、聴衆の前でいかに平静を装おうとしても、話はしどろもどろになり、自信のなさや不安は隠しきれないだろう。聴衆はあなたの準備不足を瞬時に見抜いてしまう。これでは、彼らと心を通わせるのは難しい。私は何も完璧なプレゼンテーションをしろと言っているわけではない。そもそも人間とは不完全なものだ。聴衆もそれはわかっていて、ちょっとしたミスに目くじらを立てたりはしない。しかし、話し手がしかるべき準備を怠ったこと——あるいは、自分たちのための特別な準備をせずに、使い古しのプレゼンテーションで済ませたことに気付いたら、聴衆も許してはくれないだろう。本章では、プレゼンテーションの準備にあたって考慮すべきポイントをいくつか紹介しようと思う。

一人きりの時間を作る

　プレゼンテーションは創造的な行為である。そして、創造力をかき立てるためには、日々の雑事から離れて過ごすことが必要だ。せわしない心を静め、真に大切なことだけに心を注ぎ、余分なものは切り捨てなければならない。頭をすっきり整理するためには、一人きりの時間を作る必要がある。今の世の中では、それはますます難しくなっている。しかし、できる限りの努力をして、他人に邪魔されない時間と場所を見つけ出してほしい。当然ながら、このことはプレゼンテーションの準備だけでなく、仕事上のあらゆる創造的な試みにも当てはまる。

　ベルギーのフランダースで行われた2008年のCreativity World Forumにおいて、英国の有名なコメディアン、俳優、そして脚本家でもある、ジョン・クリーズは、仕事における創造性の役割について語っている。「今日、多くの人々が抱えている一番の問題は、彼らがいつも慌てていることだ——まるで複数のボールでジャグリングをしているかのように、人々の心はせわしなくあちこちを飛び回っている」クリーズは言う。「一日中あくせく走り回っていては、多くの創造的なアイデアを生み出すことはできないだろう」。物事の関係性を見抜くには、心にゆとりがなければならない。余計な雑音を一掃し、ゆったりした気分で、あれこれ思いを巡らせているときこそ、最も洞察が得られやすいというデータもある。デヴィッド・ロックは著書『Your Brain at Work』（HarperBusiness）においてこう語っている。「洞察を得るには、かすかなシグナルに耳を澄まし、物事の緩やかな結び付きを見抜かなければならない。そのためには、心の静けさが求められる」。

「亀庭」を作る

　「創造力を高めるコツの一つは、中断を避けることだ」クリーズは言う。問題は、しょっちゅう邪魔が入り、一度に複数の仕事をこなすことを強いられる、慌ただしい世界の中で、いかに創造的であり続けるかということである。「我々は『亀庭』——誰にも邪魔されない安全地帯——を作る必要がある」クリーズはそう提案する。我々はこの混沌とした世界の中にオアシスを作り出さなければならない。時間的にも空間的にも明確な境界線を設けなければならない。家庭や職場で誰にも邪魔されないスペースを見つけることは難しいかも

しれない。しかし、何とか工夫してみてほしい。

　仕事場に居心地のいいプライベートオフィスがある場合や、立派なホーム・オフィスを構えている場合は、話が簡単だ。こうした贅沢が許されなくても、（クリーズの言うように）公園、コーヒーショップ、海岸といった、別の形のオアシスならいつでも見つかるはずである。クリーズによれば、こういった誰にも邪魔されない「境界線で区切られたオアシス」を作る場合、開始時間と終了時間をはっきり決めておくべきだという。時間的・空間的な境界線は、可能性を探ったり、創造力をかき立てたりする上で重要な意味を持つ。日常生活から隔絶された空間にいるときにこそ、自由に可能性を探求し、アイデアと戯れることができるのだ。

頭を整理するには一人の時間が必要である。その場所は必ずしもオフィスである必要はない。

第2章　「準備」を最優先する

マルチタスクという神話

　我々の日々の生活は慌ただしく、四六時中インターネットやソーシャルメディアの誘惑にさらされている。とはいえ、プレゼンテーションの準備は、他の作業と並行してこなせるようなものではない。ベストセラー『ブレイン・ルール：脳の力を100％活用する』（日本放送出版協会）において、ジョン・メディナ博士は膨大な認知研究から得た成果を紹介している。これらの研究結果によれば、そもそも人間は一度に複数の仕事をこなすことができないのだという。「生物学的に見て、我々には、集中力の要るデータを並行して同時に処理する能力が備わっていないのだ」。

　複数の作業の間を行ったり来たりしながら、素早く効率的に仕事をこなすこと（いわゆるマルチタスク）が得意だと思っている人もいるだろう。しかし、脳の働きという観点から見れば、こうした働き方は作業の妨げでしかない。「研究によれば、作業に中断が入ると、所要時間は5割長くなり、ミスも5割増えるという」メディナはそう指摘する。プレゼンテーションのような創造的な仕事の準備を、他の作業と並行して行うことは、冴えないスピーチへの近道である。

コンピューターから離れる

　準備の初期段階では、コンピューターの電源を切り、アナログで行くようにしよう。作業が中断される最大の原因の一つは、言うまでもなく、コンピューターとスマートフォンである。「常にネットに接続していると、人は常に気が散った状態になる」メディナは言う。「つまり、ネットに常時接続している組織は、常時非生産的な組織ということになる」。もちろん、最終的にはビジュアルの作成・表示のためにコンピューターを使うことになるかもしれない（マルチメディアを使わない場合でも、少なくともメモをワープロで打ったりはするだろう）。だが、私は気付いたのだ──いったんコンピューターのスイッチを切り、ペンと紙を持って（あるいはホワイトボードの前で）アイデアを書き出した方が、頭の中がすっきりして、新しい視点を獲得できるようになるのである。常にネットに接続し、何かとつながったままのこの世界では、できるだけコンピューターから離れることが功を奏する。クリーズもこう言っている。「アイデアはどこからやってくるかわからない──少なくとも、ノートパソコンの中からでないことは確かだ。」

目的を見極める

　私はかつて、ここ日本で、退屈なプレゼンテーションを延々と見続ける羽目になったことがある。各プレゼンターは、自分の組織に関する詳細なデータを並べ立て、長々としゃべり続けていた。聞くところによれば、そのプレゼンテーションの目的は、組織に参加してもらうように聴衆を説得し、会員数を増やすことにあるという。このプレゼンターたちはある事実を見落としていた——それは、聞き手である我々の関心事は、あくまで「自分にとってのメリットを知ること」だということだ。我々が聞きたいのは、自分にどんな得があるのかであって、相手の自己アピールではない。財務状況や組織図を紹介しながら、組織の沿革を延々と説明してもらう必要はないのだ。

　プレゼンターたちは、スピーチの目的は情報を提供し、自己アピールをすることだと考えていたに違いない。しかし、その目的設定は間違っていた。真の目的は、「話し手は私たちの声にきちんと耳を傾け、何を求めているか理解してくれている」という印象を聴衆に与え、彼らにとってのメリットをはっきり示すことだったのだ。この日のプレゼンターたちが失敗した原因は、データで埋め尽くされたスライドを作成する前に、スピーチの真の目的を見極めなかったことにあった。

意識改革をもたらす

　プレゼンテーションの際、あなたは人々の心に変化をもたらそうとする。あなたの目標は、聴衆に何かを教えることかもしれないし、啓発的で有益な知識を伝えることかもしれない。あるいは、彼らの気持ちを奮い立たせたり、行動を改めるよう説得したりすることかもしれない。多くのスピーチには、こうした要素が全て含まれている。具体的な目標が何であれ、あなたの狙いは常に（与えられた短い時間の中で）人々に意識改革をもたらすことにある。そういう意味で、これは自分の考えを売り込む行為であるとも言える。プレゼンテーションの専門家、クリフ・アトキンソンとのインタビューにおいて、マーケティングの第一人者、セス・ゴーディンは、プレゼンテーションについてこう語っている。「（わざわざ時間を無駄にするために来た場合を除いて）プレゼンターは聞き手の意識を改革し、いつもと違うことをやらせるためにそこに来ている。いいかい、それが自分の考えを売り込むということだ。相手を説得する気がないのなら、何のためにそこにいるんだ？」

聴衆に重点を置いてプレゼンテーションを行う場合（それが本来の姿である）、準備段階において、スピーチ「以前」の聴衆のレベルを見極め、スピーチ「以後」に彼らがどうなってほしいかをふまえて目標を定める必要がある。『パワー・プレゼンテーション』等の著者であるジェリー・ワイズマンは、これを「人々をA地点（スピーチ以前のレベル）からB地点（スピーチ以後のレベル）へ連れて行く」と呼んでいる。一方、デュアルテ・デザイン社のCEO、ナンシー・デュアルテは、それを「スタート地点」から「ゴール地点」という形で表現する。しかし、両者の考えは基本的に同じであり、ごくシンプルなものだ。実際、あまりにも単純かつ基本的なことなので、誰でもそれくらいはわかっていると思われがちである。だが、残念ながら多くのプレゼンターは、単に情報やデータを集めただけでスピーチの準備を終わらせてしまう──聴衆の意識改革という観点からスピーチの目的を考えることは決してないのだ。

「なぜ？」から始める

「大きな影響力を持つリーダーや企業は、『なぜ』それをやるのかという疑問からスタートしている」──ベストセラー『Start with Why』(Portfolio)において、著者サイモン・シネックはそう語っている。彼らは「なぜ？」を明確に示すことによって人々を奮い立たせ、素晴らしい業績を上げさせているのだ。たいていの人々（あるいは企業）は、自分たちが「何を」「どのように」やるのかについては説明できる。しかし、「なぜ」やるのかについて説明できる人々はほとんどいない。「なぜ？」に答えるためには、目的がはっきり定まっていなければならない。「簡単だから」「みんながやっているから」──それだけでは不十分だ。シネックは言う。「単に行為の内容を説明するだけでは、人々を納得させることはできない。しかし、その『理由』には、人々を納得させる力がある」。

プレゼンテーションの準備においても、真っ先に自問すべき重要な問いは「なぜ？」である。私は、プレゼンテーションのデザインと実施に関する一冊目の著書『プレゼンテーションzen』において、準備の前に二つの重要な質問に答えるだけで、大方のパッとしないプレゼンテーションを改善できると述べた。その二つとは（1）何が言いたいのか？（2）なぜそれが重要なのか？　である。

たいていのプレゼンターはもっぱら「何」をやるのかに重点を置き（念のために大量の情報やデータを用意し）、次に「どのように」やるのかについて時間を割いている。こうし

たやり方は、箇条書きを多用した典型的な PowerPoint スライドを生み出しがちである。ここでは、「なぜ？」について時間が費やされることはほとんどない。しかし、この「なぜ？」という疑問こそ、（プレゼンテーションを含む）あらゆるプロジェクトの出発点であるべきだ。「なぜそのトピックや結論が重要なのか？」「なぜそれは聴衆にとって大きな意味を持つのか（あるいは持たないのか？）」──「なぜ？」を追究することは、抽象的な作業ではない。それは物事の根幹に関わる部分である。人生やビジネスにおいて、我々は「何」を「どのように」やるのかを考えたり、語ったりすることに心血を注ぎ、脈絡を欠いた大量のデータで聞き手を攻め立ててばかりいる。

　「なぜ？」を問うことは、物事の全体像を問うことに他ならない。「なぜ自分のアイデアが重要なのか」、「なぜそれが聞き手にとって大きな意味を持つのか」がはっきりわかっていれば、大局的に見てそのアイデアにどんな意義があるのかを明確に示すことができる。聴衆は詳細なデータや証拠を求めている──だが、彼らは同時に、物事の全体像を知りたがっている。「なぜ？」を明確に示すことは、そうした全体像を描く上で、中心的な役割を果たしている。聴衆の視点から「なぜ？」を追究するようなコンテンツを作り上げよう。

　もう一つ自問すべきなのは「なぜ私がスピーカーに選ばれたのか？」という問いである。この人たちはどうして私の話を聞きに来たのか？　こうした質問に答えることによって、スピーチの真の目的を確認でき、聴衆のことを一番に考えられるようになる。プレゼンテーションの冒頭で、まず「なぜそれが重要なのか」を告げ、次に時間をかけてその根拠を示すようにしよう。

核となるメッセージを見極め、スピーチの意味や目的をはっきりさせるためには、「なぜ？」という疑問からスタートしなければならない。

クリストファー・クラフト

クリストファー・クラフトは、受賞歴のある革新的な教育者である。サウスカロライナ州コロンビア在住。世界各国でプレゼンテーションを行っており、そのトピックは教育理論から最新の技術革新にまで及ぶ。クリスは自身が経営する教育コンサルタント会社、パルメット・ラーニングを通じて、企業との連携をはかっている。

www.palmettolearning.com

クリスには、理想的な教室環境を作り上げるという気高い目標がある――厳格であるのと同時に、対話的な「禅」を体験できるような環境だ。ここでは、彼は教師仲間に向けて実践的なアドバイスを提供している。

教師への助言

　プレゼンテーションには目的がある。新しいアイデア、商品、イベントをアピールしたい、というのもその一つだ。教師や大学教授が新しいテーマを導入する際にも、プレゼンテーションが使われることが多い。こうしたプレゼンテーションにおいて、プレゼンターがテキストだらけのスライドをそのまま読み上げるのを聞かされた経験はないだろうか？　もっとましなやり方があるだろうに――そう嘆きたくなるのは人の常である。では、パッとしないプレゼンテーションを聞いてるとき、聴衆の頭の中で何が起こっているのか、あなたは考えたことがあるだろうか？

　人間の短期記憶には限りがある。我々は新しく会った人の名前や電話番号をすぐに忘れてしまう。ショッピングモールで駐車場のどこに車を停めたのかさえ思い出せないこともある。こうした情報はいったん短期記憶の貯蔵庫に蓄えられるが、長期記憶に移行することはない。一方、人間の長期記憶の容量はほぼ無限である。だからこそ、昔のささいな出来事はよく覚えているのに、さっき鍵を置いた場所を思い出せなかったりするのだ。人間の認知システムの限界を見極めることは、プレゼンテーション作成において重要な意味を持つ。例えば、人間は視覚刺激と聴覚刺激を異なったチャンネルで処理している。つまり、テキスト、画像、声による刺激といった要素は、慎重に選ばなければならないということだ。

　短期記憶とはコップに入った水のようなものだと考えよう。プレゼンテーションの間、情報（水）がだんだんコップに注がれる。一気にたくさんの量を注げば、水はコップから溢れることになる。短期記憶にあまりに多くの情報を詰め込むと、聴衆は「認知的過負荷」に陥る。いったんこの状態になると、短期記憶はリセットされ、人々は学習前の状態に逆戻りしてしまう。つまり、聴衆の頭をパンクさせると、今まで話してきたことが全て無駄になってしまうのだ。

聴衆の頭をパンクさせないようにするには、以下の原則（研究によって裏付けられたもの）に従うといい。

● **書き言葉と声による刺激を同時に与えず、別々に扱う**
つまり、スライドをそのまま読むなということだ！　二つのチャンネルを通じて全く同じ情報を提示すれば、コップに大量の水を一気に注ぐことになり、確実にオーバーロードを引き起こしてしまう。聴衆は、あなたが読み上げるより速くスライドを読み終えていることを忘れてはならない。

● **言葉以外の要素を取り入れる**
選び抜かれた短いフレーズを、その言葉に合った高品質の画像とともに提示することは、人間のデュアルチャンネル性（視覚刺激と聴覚刺激を異なったチャンネルで処理していること）に配慮した素晴らしい方法である。

● **プレゼンテーションの前に何度もリハーサルを行う**
リハーサルに費やした時間の見返りは大きい。スピーチの途中で言葉に詰まったり、しどろもどろになったりする心配もなくなる。

● **聴衆に情報を整理する時間を与える**
聴衆とやり取りをする、あるいは隣同士で会話させるといった形でこれを行ってもいいし、単に間を置くことによって、コップの中の水が少しずつ聴衆に浸透するのを待ってもいい。

● **物語を語る**
物語を使えば、コンテンツとストーリー展開をスムーズに結び付けることができる。それによって、聴衆があなたとそのコンテンツに引き込まれる可能性はより高くなる。

● **本質とは無関係な要素を避ける**
トランジション、効果音、その他の「ノイズ」は使わない。

　聴衆の頭をパンクさせることは、プレゼンテーションの狙いを大きく妨げるという事実を肝に銘じよう。「認知的過負荷」を断固として阻止する心構えがなければ、我々のプレゼンテーションは、むしろ学習の邪魔になりかねないのだ。

聴衆を知る

　カリフォルニア州クパチーノの Apple 社で働いていた頃、私はスティーブ・ジョブズのオフィスから転送されてきたメールを受け取ったことがあった。メールの送信者は、前日に Apple のフィールド・エンジニアからプレゼンテーションを受けたあるユーザーグループのリーダーだった。このリーダーは、前日のプレゼンテーションが満足のいくものではなかったことを、Apple の CEO に知らせようとしたのだ。私の仕事はこの件について調査し、ユーザーグループとのトラブルを円満に解決することだった。

　そのリーダーによれば、当のフィールド・エンジニアは明らかに製品に関して深い知識を持っていた。しかし、彼が用意したコンテンツはひどく専門的で、聞き手の大半にとって何の興味も持てないものだった。グループのメンバーがテクノロジー（とりわけ、最新の Apple テクノロジー）に興味を持っていたことは確かだ。しかし、彼らの関心はもっぱらそのツールをどうやって「使う」かにあり、それが職場や家庭における自分たちの創造性や生産性の改善にどう役立つのかにあった。私がエンジニア本人──頭脳明晰な好青年──と話をしたとき、彼は「プレゼンテーションがうまくいっていないのはわかっていたが、コンテンツをどう変えればいいのかわからなかった」と素直に打ち明けた。結局、彼は当初の計画のまま、なんとか頑張ろうとしたのだった。準備に取り掛かる前に、彼がその日の聴衆についてきちんと理解していれば、出来の悪いプレゼンテーションによるトラブルは避けられたはずだ。

　そのエンジニアは、ユーザーグループとそれまで一度も話をしたことがなく、彼らがどんな背景を持ち、何を望んでいるのかよくわかっていなかった。彼は手持ちの知識だけでその場を乗り切ろうとした。「もしグループのメンバーの背景や経験、要望をきちんと把握していたら、全く違ったコンテンツを用意しただろうし、ディスカッションや Q&A を増やして、もっとグループを引き込むことができたと思う」。エンジニアはそう語った。

スピーチの目的を真に理解し、準備の足場を固めるには、聴衆についてできるだけ知らなければならない——それがここでの教訓である。そのためには、他者への深い共感と、相手の身になって考える能力が必要になる。（文化の違いや避けるべきタブーも含めて）聴衆の背景や要望を知り尽くした上で準備をすれば、どのコンテンツを採用し、どれを捨てるかについて、より的確な判断ができるようになるだろう。さらに、その日の聴衆と心を通い合わせる方法や、彼らを飽きさせることなく、話に引き込むコツもわかってくるはずである。

理性と感情の両方に訴えかける

　一人一人の聴衆は違った個性を持っている。しかし、彼らには少なくとも一つだけ共通点がある——それは退屈するのが嫌いだということだ。聴衆を退屈させたいなら、スピーチから自分の個性を完全に打ち消して、ひたすら情報を羅列し、データや製品の特徴などをまくしたてるのが一番いい。人々は物事の全体像や、コンテクスト、意味を知りたがっている。同時に、彼らは話し手との間に、何らかのつながりを感じたいと思っているのだ。
　アリストテレスは優れたスピーチは3つの要素から成り立っていると述べた——（1）論理面の魅力、（2）感情面の魅力、（3）話し手の個性や人格に基づいた魅力、の3つである。よって、優れたプレゼンテーションを行うには、論理的な枠組みや根拠を用意し、聴衆の感情に訴えかけ、話し手の個性、誠意、信頼性を自然な形で示さなければならない。人間は論理的であるのと同時に、感情的な生き物でもある。プレゼンテーションは論理的な枠組みや主張を裏付ける根拠が欲しいという聴衆のニーズに応えたものでなければならない。しかし同時に、実例やエピソード、ビジュアルを使って彼らの心に深く訴えることも必要である。目新しい体験、未知の領域の探索、発見、新しいことを学んだときの興奮——こうしたものに対する人間本来の欲求に、あなたは応えるべきなのだ。

「深く」行くか？ 「広く」行くか？

　多くのプレゼンテーションの問題点は、短い時間の中にあまりにも大量のコンテンツを詰め込もうとすることにある。たいていの人々は、準備段階において自制心をうまくコントロールできていない。彼らはプレゼンテーションに何を盛り込むべきかという難しい選択に悩んでいる。コンテンツを削るための時間は用意されていないことが多い。その結果、聴衆は常に必要以上の情報を与えられ、消化不良に悩まされることになる。周知の通り、これは会社の幹部のプレゼンテーションやセールストーク、会議のセミナーにも言えることである。『The Craft of Scientific Presentations』(Springer)において、マイケル・アリーはこれと似た話題に触れ、「深く」行く（問題を深く掘り下げる）か、「広く」行く（広範囲をカバーする）かのどちらかを選ぶことはできても、その両方を1時間の講義やプレゼンテーションでこなすのは困難だと述べている。大切なのは現実的な目標を設定することである。問題を深く掘り下げる必要があると判断した場合、カバーする範囲を相当に絞り込まなければならない。人生においても、プレゼンテーションと同様に、何が本当に大切なのかを見極め、その他のものを（少なくとも当面は）手放さなければならないことが時にはあるものだ。

　何でもかんでもスピーチに盛り込めばいいわけではない。大量のコンテンツを、猛烈な勢いでこなそうとすれば、聴衆が話についていけなくなるだけでなく、彼らと質疑応答やディスカッションを行う余裕もなくなってしまう。人々が話の内容やパターンを分析するには、ある程度の時間やゆとりが必要なのだ。

　「あまりにも多くの情報を語ること——さらにそうした情報から一つの全体像を導き出すための時間を与えないこと——それは最もありがちなコミュニケーションの失敗例の一つだ」。メディナ博士は言う。「無理やりたくさん食べさせても、ほとんどは未消化に終わってしまう」。コンテンツを減らせば、スペースに空きができ、聴衆が質問したり、トピックについて考えたりする余裕が生まれる。こうしたスペースを作り出すことは、聴衆の参加を促すという意味で、より自然な「裸の」プレゼンテーションを行うことにもつながっていく。「深く」行くか、それとも「広く」行くか、準備段階ではっきり決断できれば、無駄を排除し、最も重要なものだけを盛り込める。そうすれば、聴衆と対話する余裕が生まれてくる。

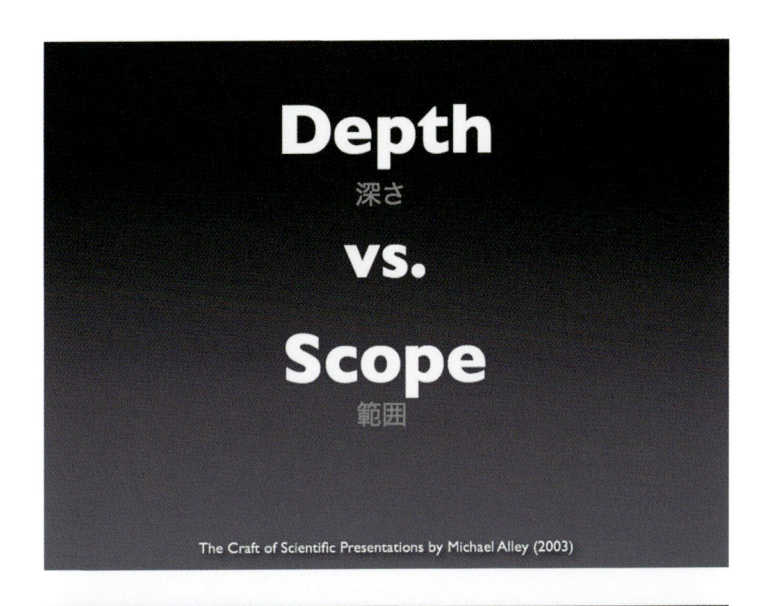

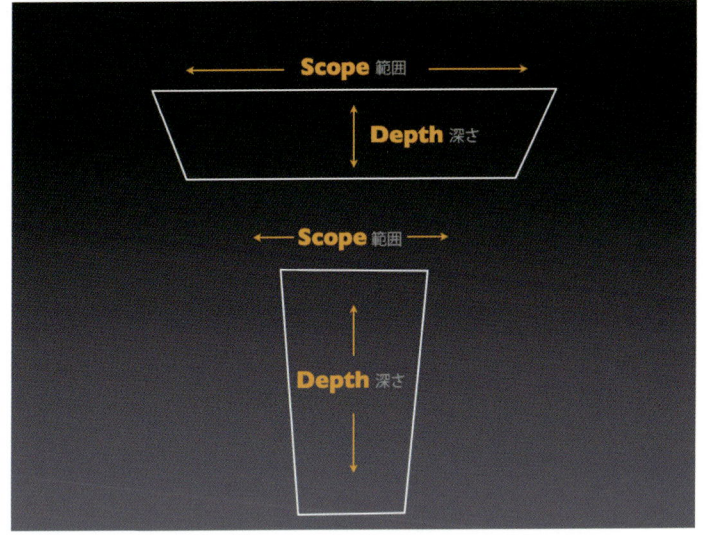

「深く」行くか、「広く」行くか、どちらかを選ぶことはできても、
その両方を一回のプレゼンテーションでこなすのは難しい。
マイケル・アリー著『The Craft of Scientific Presentations』に基づいて作成されたスライド。

社会において物語が力を失ったとき、
その先に待っているのは退廃である。

―― アリストテレス

物語の力

　物語は聞き手を引き込み、論理と感情の両面に訴えるための重要な手段である。人間は自分の経験を物語の形で記憶するようにできている。つまり、物を覚えるにはストーリー仕立てにするのが一番効率がいいのだ。人間が耳や目を使って情報を共有してきた年月は、リストや箇条書きのそれよりもはるかに長い。2003年、『ハーバード・ビジネス・レビュー』誌に掲載された、「物語の力」に関する記事には、次のような記述がある。「物語を語ることは、ビジネスにおけるリーダーシップやコミュニケーションの鍵である。PowerPointや統計データのことは忘れよう。人々を深く引き込むには、物語が必要なのだ」。

　『ハーバード・ビジネス・レビュー』のインタビューにおいて、伝説的な脚本家養成者、ロバート・マッキーは、「人々を奮い立たせ、目標を達成させることは、リーダーの仕事の重要な一環だ」と述べている。「そのためには、リーダーは彼らの感情に訴えなければならない。彼らの心を開く鍵となるのが、物語である」。マッキーは、人々を説得する際に最もよく使われる方法は、伝統的なレトリックと、知的なプロセスを伴っていると言う。それは（ビジネスの世界では）しばしば典型的なPowerPointプレゼンテーションによって構成されており、その中でリーダーは統計やデータを使って自分の主張を通そうとする。しかし、統計だけでは人の心を動かすことはできないし、データが必ずしも信頼されるとは限らない。「統計は嘘をつくために使われる――一方、会計報告書は粉飾されたバランスシート（貸借対照表）に過ぎない」。

　マッキーは、レトリックというものは問題をはらんでいると言う。なぜなら、我々が言い分を主張している間、相手は自分の知っているデータや統計を駆使して、頭の中で反論を行っているからだ。「たとえ議論で相手を説き伏せることができたとしても、それだけでは十分ではない。理性に訴えるだけでは、人々を行動に駆り立てることはできないからだ」。大切なのは、メッセージと感情を一つに結び合わせることである。それには物語を使うのが一番だ。「物語を使えば、大量の情報を話に盛り込めるだけでなく、聞き手の感情やエネルギーをかき立てることができる」マッキーはそう語っている。

対立を作り出す

「優れた物語は、終始主人公の期待通り運ぶような平坦なストーリーではない」マッキーは言う。それでは面白くもなんともない。こんな物語は避けよう。むしろ、「期待と現実がきわめて残酷な形で衝突する様子」を描写した方がいい。人生を面白くするのは物事の「影の部分」である。「負の力を乗り越えようともがき苦しむ中で、我々は人生をより深く生きることを強いられる」マッキーはそう語る。逆境を克服する過程は、人々を魅了し、深い印象を与える。こうした物語の方が説得力がある。

それゆえ、物語の最も大切な要素は、対立や衝突である。相反するものの衝突には、ドラマを生み出す力がある。本質的に、物語とは「期待」と「非情な現実」の衝突であると言える。物語は、不均衡、拮抗する力、解決すべき問題といった要素を必要としている。優れたストーリーテラーは、こうした拮抗する力に対処すること——乏しい手段でその場を切り抜けたり、苦渋の決断を下したり、科学的発見や試行錯誤の長い旅を乗り切ったりすること——がどういうものなのかを描写しようとする。

人はバラ色の（ともすれば退屈な）絵を描きたがることが多い。「だが、ストーリーテラーである以上、あなたはまず解決すべき問題を前面に押し出し、次に、どうやってそれを克服してきたかを示すべきである。敵対する者といかに闘ってきたかを物語にして聞かせれば、聴衆をあなたとそのコンテンツに引き込むことができるだろう」。マッキーはこう述べている。

コントラストは人を引き付ける

グラフィック・デザインにおいても、物語においても、コントラストは最も基本的で重要な要素の一つだ。コントラストとは、端的に言えば、差異のことである——そして人間は差異に眼が行くようにできている。優れた物語の場合、随所にコントラストが見出せる。映画作りもまた例外ではない。例えば『スター・ウォーズ　エピソード４』には、正義の味方である気高き反乱同盟軍と、「暗黒面」を体現するデス・スターや悪の帝国、という魅力的なコントラストが存在する。さらに、味方同士にも明確なコントラストを見出すことができる。若く純真な理想家、ルーク・スカイウォーカーは、老練な現実主義者、オビ

＝ワン・ケノービと好対照をなしている。冷静で如才のない若きレイア姫と、年は上だが、いささか礼儀知らずで自信家の、ハン・ソロも対照的だ。R2-D2 と C-3PO というキャラクターが魅力的なのも、両者の著しい個性の違いによるところが大きい。こうした登場人物は、何百万人ものファンの心をつかんで離さない。それは彼らが本来対照的なキャラクターであり、個性の違う人々が、何度も衝突しながら、何とか折り合いをつけていく過程が面白いからだ。

　プレゼンテーションにおいても、「使用前／使用後」、「過去／未来」、「当時／現在」、「問題点／解決法」、「紛争／平和」、「成長／衰退」、「悲観主義／楽観主義」といったコントラストを狙ってみよう。コントラストを強調すれば、自然な形で聞き手を話に引き込み、メッセージをより印象付けることができる。

これらのスライドは（サイズ、質感、形、色、方向、年齢といった）さまざまな視覚的コントラストを、非常にシンプルな形で示している。

ストーリーテリングの原則をプレゼンテーションに応用する

　プレゼンテーションの準備時間は常にたっぷりあるとは限らない。主張すべきポイントが見つかりにくいときもある。そんなときは、以下の３つのステップに従えば、比較的短時間のうちに、ほぼあらゆる種類のプレゼンテーションの準備をこなすことができる。

１．問題を特定する。
　例えば、あなたの製品によって解決することが可能な問題を挙げる。

２．問題の原因を特定する。
　その問題を取り巻く対立や衝突の実例を挙げる。

３．なぜ、どのようにして問題を解決したかを示す。
　そうした対立や衝突の解決法を提供する。

　基本的には、以上で終わりである。あなたが抱えている（抱えていた）問題と、それをどのように解決するか（解決したか）を紹介しよう。聴衆の実情に合った、役に立つ実例を挙げるとよい。物語は（Ａがあって、それからＢが起こって、だからＣになって——というような）次々に連続して起こるエピソードの集合体であることを忘れないでほしい。聴衆をエピソードに満ちた旅に誘い、まず対立や衝突を紹介し、次にそれを解決してみせよう。
　こうした物語を語ることができれば、単に論拠を並べ挙げ、情報を羅列している大方のプレゼンターたちの、はるか先を行く存在になれる。人はリストや箇条書きのことはすぐに忘れてしまう。しかし、筋のある物語なら、すんなり頭に入ってくる。このことを肝に銘じてほしい。人間は常に、自分が経験した断片的な情報を、物語という形で理解し、記憶しようとしている。我々はこうした「物語化」の本能に逆らうべきではない——むしろ、そうした本能に従って、自分の経験やトピックにまつわる「物語」を聴衆に語るべきだ——それがマッキーの主張である。

物語と感情

　我々の脳は、感情を揺さぶるような経験や物語を想起しやすい傾向がある。感情に訴える要素は、物語を人の心に焼きつける。私は今年になって、こうした実例を目の当たりにした。私の労務管理の講義を受けていた4人の学生が、日本の雇用保障についてプレゼンテーションを行ったときのことだった。3日後、私は他の学生たちに、そのプレゼンテーションで一番印象に残っている点は何かと尋ねた。彼らの記憶に最も鮮明に焼きついていたのは、労働法でも、話し手の主張でも、日本の労働市場の変化でもなかった。彼らが覚えていたのは、「過労死」というトピックと、日本の自殺問題だったのだ。1時間に及ぶプレゼンテーションの中で、それはごく小さなトピックだった。1時間のうち、過労死という話題に割かれたのは、ほんの5分ほどに過ぎなかった。しかし、聞き手の心に一番残ったのは、その5分間だったのである。その理由を推測するのは簡単だ。過労死や自殺の多さといった問題は、感情を大きく揺さぶるトピックであり、普段はあまり話題に上ることがない。プレゼンターはいくつかの実例を挙げ、過労死で亡くなった人のエピソードを語った。そうした物語と、それらが聴衆にもたらした感情——驚き、同情、共感——が、こうした比較的小さなトピックを、多くの人々の心に焼きつけたのだ。

物語を語ることによって、人は自然な形で情報を共有することができる。最も記憶に残るのは、何らかの感情を誘発するような物語である。

物語は注意を引き、真実味を生む

　今年の一月、我々はマウイ島のハナ・ハイウェイ――世界で最も美しい場所の一つ――をひた走り、キパフルのハレアカラ国立公園にある「オヘオの池」に向かっていた。「七つの聖なる池」とも呼ばれるその一帯は実に魅力的であり、通常は穏やかそのものだ。しかし、その穏やかさの中に潜む危険を旅行者に知らせ、注意を促すために、大きな警告標識が設置されている。当然ながら、こうした警告標識は人々から無視されることが多い。彼らにとって事故の危険は単なる抽象概念であり、他人事に過ぎないのだ。この標識の場合、私が非常に効果的だと思ったのは、最近起きた実際の事故の新聞記事が貼り付けられていたことだった。人々がそれらの記事を読み、不安そうな表情を浮かべているのを見て、私はその効果を確信した。いつもなら私はそうした標識をちらりと見るだけだが、今回は立ち止まって、隅々までじっくり読んでみた。私は事故の犠牲者を気の毒に思った。彼らはもはや抽象的な存在ではなく、住所や名前を持った生身の人間だった――彼らもまた、誰かの母であり、息子であったのだ。起こり得る事故――そして、実際に起こった事故――についての記述を目にしたとき、私は思わず足を止めた。その標識は情報を提供するだけでなく、感情に訴えるものだった。情報と感情的な要素が一体となって大きなインパクトをもたらし、忘れられない標識を生み出したのだ。

新聞記事の切り抜きが貼りつけられた警告標識。こうすることで、より感情に訴える、リアルで印象的な標識を生み出し、危険を強調することができている。

準備のステップ

　いきなりスライドウェアを立ち上げ、既成のテンプレートに従って文字を入力するだけでは、優れたプレゼンテーションは生まれてこない。プレゼンテーションの計画を練る方法はいくつもある。次の８つのステップは、私が使っているプロセスをまとめたものである（すでに本章で取り上げた項目もいくつか含まれている）。多くの優れたプレゼンターたちも、本質的にこれと似たプロセスを踏んでいる。

1. **一人になれるオアシスを作る。**　誰にも邪魔されずに一人になれる時間と場所を確保しよう。せわしない心を静め、曇りのない目で世界を見渡し、それまで見落としていた物事の関連性に気付くためには、こうした時間と場所の両方が必要である。

2. **気が散る原因を取り除く。**　コンピューターの電源を切り、文明の利器から離れよう。集中を妨げるものがなくなれば、思いがけない創造力や洞察が生まれてくるはずだ。

3. **アナログで行く。**　スケッチブック、付箋紙、インデックスカードを手にしよう。あるいは、大きなホワイトボードの前に立ってみよう。コンピューターはいらない（仮に使うとしても、それはまた後の話だ）。

仲間と共にプレゼンテーションの準備をする大学生。コンピューターの電源を切り、ペンと紙を使って大まかなアイデアを書き出していく。

4．核となるメッセージを見極める。　あなたはすでにトピックを十分に理解し、聴衆をよく知り、彼らにとってのメリットを考慮している。次に必要なのは、核となるメッセージを見極めることである。核となるメッセージ＝トピックではない。トピックが「第４四半期の結果報告」だとすれば、核となるメッセージは「楽観的になるだけの理由は十分にある。なぜなら、第４四半期の売上見込みが３年ぶりに予想を上回ったからだ」といったものになる。

　核となるメッセージとは、これだけは人々に覚えておいてほしい何かを指す。もしたった一つのことしか彼らの記憶に残らないとしたら、それは何であってほしいか？「自分は核となるメッセージをはっきり思い描けているだろうか？」──そう問いかけよう。そして、浮かんできたメッセージを紙に書きとめよう。鍵となる問いは「自分は聴衆をどこへ連れていきたいのか？」「プレゼンテーション後に、聴衆の考え方がどう変わっていてほしいか？」だ。忘れないでほしい──あなたの目的は常に、人々を現在地から新しい場所へ連れて行くことである。その新しい場所と核となるメッセージは直結している。聴衆に最も大きなインパクトを与え、彼らの考えを一新させる核心的なポイントは何か？　先ほどの例で言えば、聴衆はスピーチを聞くまでは、将来について懐疑的・悲観的な見方をしていた。一方、プレゼンテーション後の彼らは、より楽観的なスタンスへ「移動」していたのである。

5．ブレインストーミングをする。　トピックや核となるメッセージについて、できるだけ多くのアイデアを引き出してほしい。ここでは自制心を発揮する必要はない。遠慮せずにどんどん挙げていこう。取捨選択は後でやればいい。ブレインストーミングは量が命だ。カードや付箋にアイデアを書き出し、テーブルやホワイトボードに並べよう。こうした作業は一人でもできるし（プレゼンテーションがチームプロジェクトの場合）グループで行うこともできる。グループで行う場合、他の人々のアイデアに口を差しはさんではならない。思いついたことをとりあえず書き留め、その他のアイデアと一緒に並べておこう。突拍子もないアイデアでもかまわない。そうした型破りなアイデアから、後に実用的で説得力のある、補助的なアイデアが生まれる可能性があるからだ。

6. **アイデアの集約、編集、グループ化を行う。** いよいよ編集作業の開始である。ここからは自制心を発揮し、内容を詰め込み過ぎないようにしよう。容赦なく切っていけばいい。理想としては、アイデアを3～4つのカテゴリーに分けたい（各カテゴリーは、テーマや核となるメッセージを裏づけるものでなければならない）。どのカテゴリーにも当てはまらないアイデアは、全て却下しよう。

　古典的な物語形式は3幕構成である。これまでの経験から、プレゼンテーションを3つのセクション（そのすべては核となるメッセージを裏づけるために存在する）で構成し、聴衆を「発見」や「問題と解決」の旅に誘うというパターンが功を奏することがわかってきた。プレゼンテーションを組み立てるにあたって、3つのセクションを使い、1つのテーマや核となるメッセージを、3通りの方法で掘り下げるというやり方は、古典的かつ効果的な構成テクニックだ（このテクニックはスピーチにも有効である）。構成が決まったらもう一度全体を見直し、論旨をはっきりさせる上で、新たに付け足したり削ったりすべき要素があるかどうかを検討しよう。ただし、プレゼンテーションの多くは（コンテンツ不足というより）むしろコンテンツを詰め込み過ぎる傾向があることを忘れないでほしい。裸のプレゼンテーションとは、無駄なものを切り捨てることを意味する。編集プロセスは足し算ではなく、もっぱら引き算で成り立っているのだ。

7. **ビジュアルのラフスケッチを描く。** はっきりとしたテーマ、核となるメッセージ、そして適量のコンテンツ（データ、物語、引用句、事実など）からなる2〜3つのセクションの構想が固まったら、今度はビジュアルを考え始める番だ。アイデアをどう視覚化すれば、わかりやすく、印象的な形でそれを聴衆に伝えられるだろうか？ スケッチブック、付箋、メモ用紙などを使い、言葉で書かれたアイデアからラフスケッチを描き起こしていこう。こうしたスケッチが、最終的には高画質の写真や図表、引用句を使ったスライドなどに変身することになる。

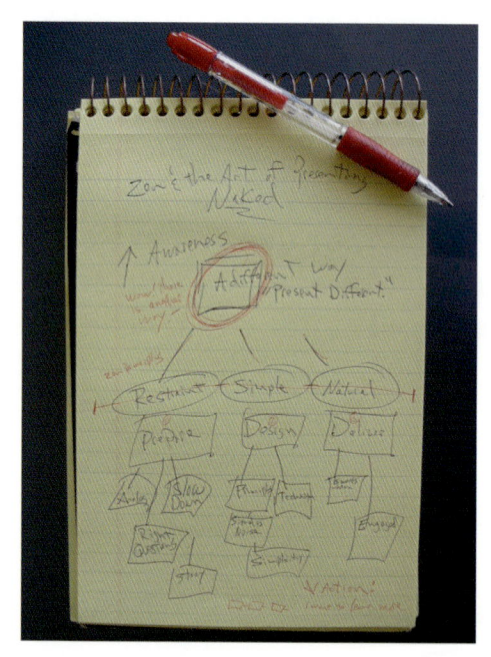

プレゼンテーションの概要が書かれた草稿。1つのテーマを3つのセクションで表現している。

8. **ソフトウェアでビジュアルを作成する。** いったん構想を固め、ラフスケッチを描き終えれば、アイデアの大部分をビジュアル化できるようになっているはずだ。そうしたラフスケッチをもとに、一般的なプレゼンテーション用ソフトウェアを用いて、説得力のあるビジュアルを作成しよう。ここでも自制心を発揮することを忘れてはならない。ソフトウェアの機能の大方は無視して、シンプルで、わかりやすく、魅力的なビジュアルを生み出すことに集中しよう。ストックフォト・サイトを使って、適切な写真やビデオクリップを見つけるという手もある。より高品質の写真が必要なプロジェクトの場合、（予算が許せば）プロのカメラマンに頼むのもいい。とはいえ、やがてあなたは気付くだろう——ラフスケッチのイメージを体現する写真やビデオの多くは、自らの手で撮影することが可能なのだ。自分で写真やビデオを撮るメリットは、より個人的でメッセージに特化したビジュアルを作り出せることにある。しかも、その写真が以前に誰かの目に触れた可能性はゼロである。

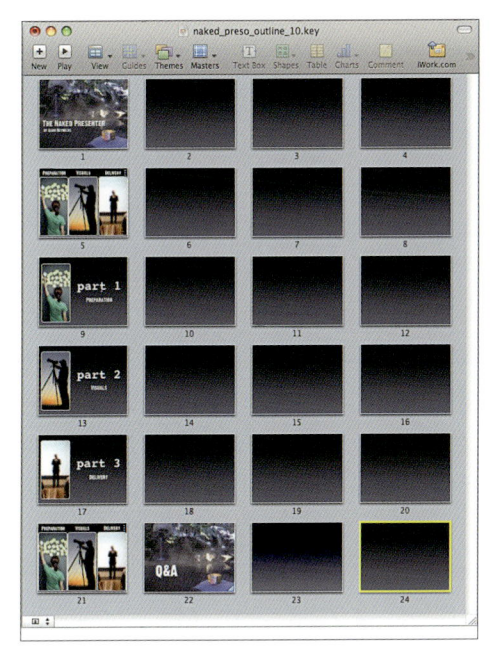

プレゼンテーションの概要やビジュアルのラフスケッチを紙に書き出した後、ソフトウェアを使って骨組みを作っていく。

第2章 「準備」を最優先する 53

メモを使うべきか？

　スピーチやプレゼンテーションの原稿をそのまま読み上げるべきではないし、それを一字一句暗記しようとしてはいけない。しかし（特にスピーチの場合）キーポイントを思い出させてくれる一枚の見やすいメモなら、用意してもかまわない。主張すべきメッセージや全体の構成はすでにあなたの頭に入っている。あとは、それを思い出すきっかけとなる短いメモ書きさえあればいい。プレゼンテーションの内容をきちんと把握していれば、そもそも長々としたメモなどいらないはずだ。

　周到な準備を通じて、あなたはすでにコンテンツを知り尽くしている。大量のメモはいらない。（あえてメモが欲しいなら）キーポイントが大きく書かれた一枚の紙だけでいい。マルチメディアを使ってプレゼンテーションを行う場合、ほとんどの人々はメモを必要としない（しょっちゅうメモに目をやっていると、かえって進行のさまたげになる）。しかし、万が一機材が故障した場合に備えて、キーポイントが書かれた一枚のリストを用意しておくのはいい考えである

リハーサルはどれくらいすべきか？

　人それぞれ、状況は違うが、少なくとも4〜5回は全体を通したリハーサルを行う必要があると思われる（あるいは、自分が満足できるまでと言ってもいい）。忘れないでほしい——目標は内容を一字一句暗記することではない。準備に相当な労力をつぎ込んだ後であれば、プレゼンテーション全体を数回通してやってみるだけで事が足りるだろう。

　リハーサルをするときは、ただコンピューターの前に座って、声を出さずに口だけを動かしたり、ビジュアルを見ながら頭の中で言葉を思い浮かべたりするだけでは駄目だ。できるだけ本番に近い形でシミュレーションを行うようにしよう。必ず立ち上がって、当日と同じくらいの声量ではっきりと喋るべきである。ぶっつけ本番と二回目との差は大きい。だからこそ、本番同様の通し稽古をすることに大きな意味がある。一回目のリハーサルが終わったら、すぐさま最初に戻って、駄目だった部分を直したり、削除したりするといい。

　本番と同じように、スライド用のリモコンを使おう。聴衆の方をちゃんと見ながら話すことに慣れてほしい。モニターやPCの画面については、プレゼンテーションの流れを確

認するために、通りすがりにちらっと見る程度でいい。振り返ってスクリーンを眺めるのは基本的に禁止だ。これについては慣れるまで練習しよう。大学生を指導していて気付いたのだが、プレゼンテーションに際して彼らが最も犯しがちな過ちは、ほぼずっと、スクリーンを眺めながら、スライドに向かって話しかけていることである。「目の前のノートパソコンにも同じ画像が映っているんだから、それを見ればいいじゃないか」私は絶えず学生たちにそう注意している。スクリーン上の何かを指差す場合（時にはその必要もあるだろう）を除いて、背後のスクリーンを見るために体をひねったり、顔の向きを変えたりするのはやめよう。このシンプルなルールに従うだけで、たいていのプレゼンテーションは大幅に改善されるはずである。

TEDxTokyoでプレゼンテーションをするデヴィッド・ロック。目の前にモニターがあるため、プレゼンターは決して聴衆に背中を向ける必要はない。（写真提供：パトリック・ニューウェル）

リハーサルの回数を重ねれば重ねるほど、未知の要素への不安は減っていく。不安が減れば減るほど、自信がわいてくる。それにつれて、心に余裕ができ、傍目にも自信に溢れていることがうかがえるようになる。自信というものは、決してごまかしが効かないのが特徴だ。練習を重ねれば、真に自信に満ちたスピーカーになれる。しかし、リハーサルのし過ぎということもあり得ないわけではない。スピーチは生き生きとした自然なものでなければならない。機械的に暗記されたものでは駄目なのだ。過度にリハーサルを繰り返し、台本を丸暗記してスピーチに臨めば、自然な形で聴衆を引き込み、彼らと心を通わせることは難しくなるだろう。

プレゼンテーション当日

プレゼンテーション当日、本番の前にやるべきことが3つある。これらを実行すれば「裸のプレゼンテーション」をスムーズに行い、聴衆の心を引き込むことができる。（1）会場には早めに到着する。そうすれば部屋を好きなように整えることができ、（マルチメディア使用の如何に関わらず）急なトラブルにも余裕を持って対応できる。（2）参加者に前の方に座るように促す。（3）プレゼンテーション開始前に、聴衆と交流を持つ。

早めに会場に到着し、セッティングを行う

早めに会場に着くことは常に大切だが、マルチメディアを利用する場合は特にその重要性が高くなる。真っ先にコンピューターを立ち上げ、音声機器やプロジェクターに異常がないことを確認し、リモコンが機能するかどうかチェックしよう。プロジェクターを使う場合、（たとえ小さな会場でも）照明を落とそうとする人が多い。しかし、ダンスホールのような大規模な会場でプレゼンテーションする場合を除いて、照明はできるだけ明るくした方がいい。どんなにスライドが見やすくなろうが、暗闇の中でスピーチをするべきではない。

物理的に会場のセッティングを変えられる場合は、そうした作業にたっぷり時間をかけるべきだ。会場の設備の範囲内で、できるだけリラックスできるような空間を作り上げよう。

物理的な障壁を取り払い、人々の距離が縮まるような工夫をしてほしい。ステージ中央に演台があるときは、取り払ってもらうか、脇に寄せてもらおう。場合によっては演台が固定されていて動かせないこともある。あるいは、他のスピーカー（あなたより出番が後で、なおかつ演台を使いたがっている人々）にとって大迷惑となるため、演台を動かしづらいケースもあるだろう。それはそれでかまわない。ただし、ステージの真ん中に演台があるからといって、その後ろに立たなければいけない理由は何もない。

人々に前の方に座るように促す

　何年か前に、私は200人の聴衆の前でプレゼンテーションを行ったことがあった。200人も来ればなかなかの盛況と言えるが、問題はそれが400人収容のホールで行われたことだった。会場に着いた人々は、おのずとホール全体にバラバラに散っていく。その日のプレゼンテーションは悪くない出来だったが、以前に行った類似のプレゼンテーションに比べると、全体的な盛り上がりや聴衆との一体感が確実に欠落していた。そこには親密な雰囲気が欠けていたのだ。

　次に似たような状況に出くわしたとき、私はプレゼンテーションの開始前に、聴衆に前の方に固まって座るよう促してみた。こうすることで、ステージ上のプレゼンター（私）に対する聴衆の互いの反応が伝染し始め、たちまち会場の雰囲気はにぎやかになった。質問やディスカッションが活発に飛び交い、大きな笑い声が上がり、全体的に聴衆との（あるいは聴衆同士の）触れ合いが増えた。聴衆が互いに離れ離れに座っていては、こうした触れ合いを持つことは不可能である。忘れないでほしい——聴衆との距離を縮めることも大切だが、聴衆同士の距離を縮めることもまた大きな意味を持つのだ。可能であれば後方の座席を閉鎖し、人々に前の方へ座るように促してみよう。大きな会場で比較的少人数の聴衆を相手にするときは、人々に前の方に固まって座ってもらうだけで、客席の盛り上がりやユーモアへの反応、聴衆の一体感や参加意識を格段に向上させることができる。

開始前に聴衆と交流を持つ

　初心者が犯しがちなミスの一つは、プレゼンテーションの開始を待つ間、聴衆と全く触れあわないことである。これでは貴重なチャンスを失ってしまう。早めに会場に着く理由の一つは、そうすれば聴衆が姿を見せる前に、機材のチェックや部屋のセッティングを済ますことができるからだ。それによって到着し始めた人々と言葉を交わすだけの心のゆとりが生まれる。もちろん、全員に声をかけるのは無理だ。しかし、一部の人々とほんの少し会話をするだけでも、話し手がリラックスしていることや、その場を楽しんでいること、そして聴衆と彼らのニーズに心を向けていることの証明になる。

　聴衆と触れ合い、その話に耳を傾けるうちに、彼らの悩みや具体的な課題——スピーチで特に深く掘り下げるべきポイント——が見えてくるかもしれない。そうした会話を後のスピーチに引用することも可能だろう。例えば、開始前にネイサン・ブライアンという名前の有名なビジネスマンと会話したとする。そんなときは、プレゼンテーションのキーポイントを導入する際に、「つい先ほど、客席にいらっしゃるネイサン・ブライアン氏にもお話ししたのですが、円高の主な問題点は……」と切り出すのもいいだろう。

　プレゼンテーション開始前に聴衆と交流することのもう一つのメリットは、それまで抽象的な存在だった聴衆が、「対話すべき生身の人間たち」に変わることで、安心感が生まれ、自信が湧いてくることにある。もう怖がったり、心配したりしなくてもいい。あなたのプレゼンテーションは、開始30分前に聴衆と交流している間に（ある意味）すでに始まっている。名前が呼ばれるまで舞台の袖で待機しているよりも、こうした触れ合いを持った方が、プレゼンテーションへの心構えができ、リラックスした気分になれる。いきなりスピーチを切り出すときのあの緊張感から解放され、聴衆との会話の延長のような気分で話し始めることができるのだ。

まとめ

- 時間的・空間的な境界線を設けることは、可能性を探ったり、創造力をかき立てたりする上で重要な意味を持つ。せわしない心を静めよう。そうすれば、プレゼンテーションの準備において真に大切なことだけに心を注ぎ、無駄なものを切り捨てることができる。

- 目的を正しく認識し、聴衆がどんな人々であるのかを理解しよう。聴衆に重点を置いてプレゼンテーションを行う場合(それが本来の姿である)、準備段階において、スピーチ「以前」の彼らのレベルを見極め、スピーチ「以後」にどうなってほしいかをふまえて目標を定める必要がある。

- プレゼンテーションの計画を練る際は、それを一つの優れた物語だと考えるとよい。こうした物語には、「対立」「コントラスト」「問題点」「解決法」などの要素が備わっている。感情に訴える要素は、人々に忘れられない印象を残すことが多い。(1)問題を特定する、(2)問題の原因を特定する、(3)なぜ、どのようにして問題を解決したかを示す、という3つのステップを念頭に置くようにしよう。

- プレゼンテーション当日にやるべきこと──(1)会場には早めに到着する。そうすれば部屋を好きなように整えることができ、急なトラブルにも余裕を持って対応できる。(2)参加者に前の方に座るように促す。(3)プレゼンテーション開始前に、聴衆と交流を持つ。

我々が人々に与えることのできる最も尊い贈り物は、
「その場にいること」である。

―― ディク・ナット・ハン

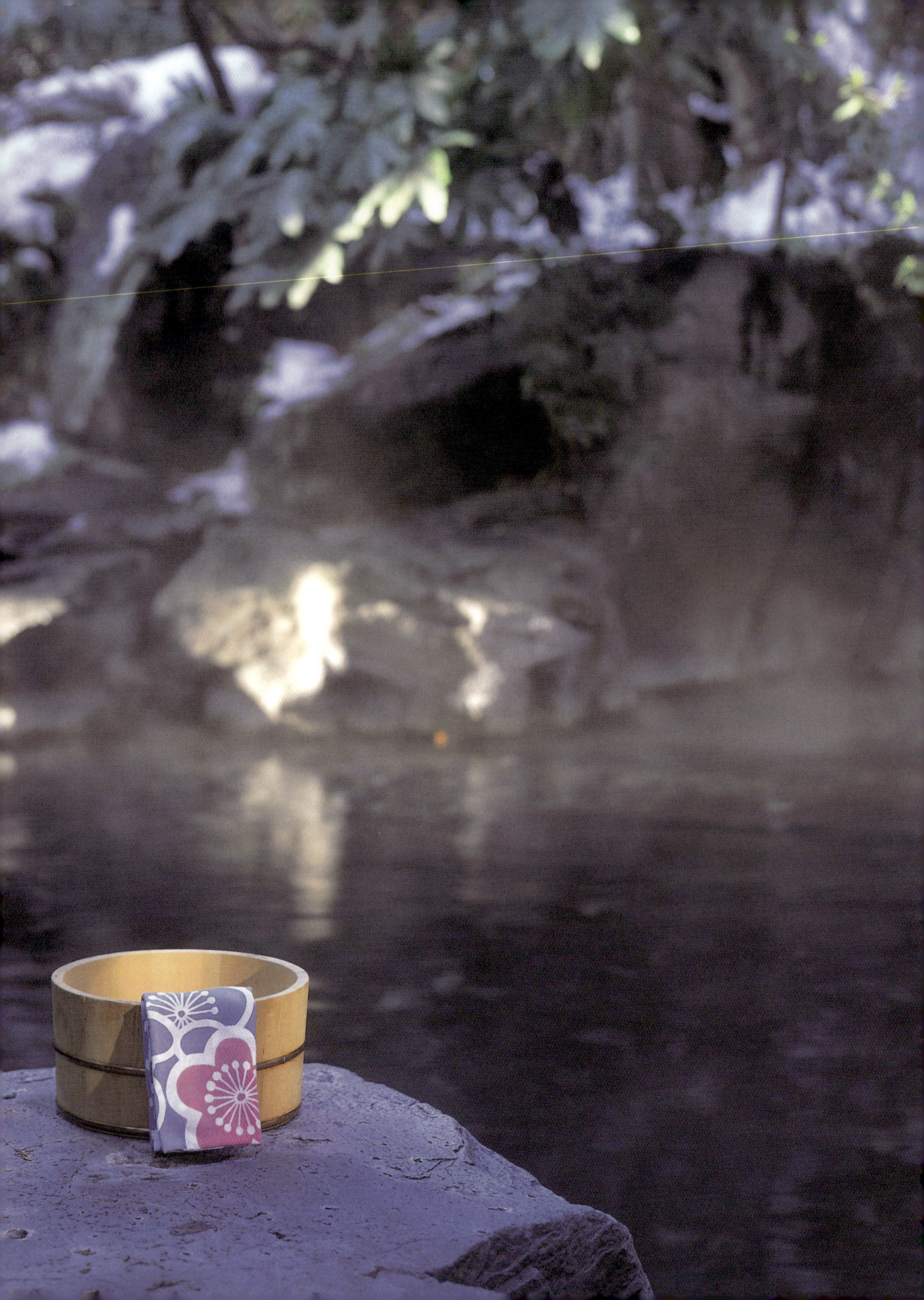

# 3

聴衆と心を通わせるための3つのポイント──
「パンチ」、「存在感」、「プレゼンターの印象」

　今年、私は東京であるビジネス・プレゼンテーションに出席する機会があった。その体験は「非効率的なプレゼンテーション」に関して貴重な教訓を与えてくれるものだった。例えば、司会者がプレゼンターについての長々とした紹介文を読みあげている間、皆の注目は、会場中央の大きなスクリーン上で起動しつつあるコンピューターの方に集まっていた。まもなくスクリーン上にプレゼンターのパスワードを尋ねるウィンドウが現れた。拍手が止み、照明が落ちた後も、スピーカーはまだ正しいパスワードを思い出せずにいた。「ちょっと待って下さい」彼はそう言って財布の中を探り、パスワードのメモを取り出した。こうして彼はようやくPowerPointを立ち上げたのだった（それまでの間、我々は彼の子供たちの画像が貼り付けられたデスクトップを拝まされることになった）。その後の1時間、彼は暗い会場の片隅で、演台に隠れながら、画面いっぱいに表示された数多くの箇条書きをひたすらなぞっていた（スクリーンは会場中央の、プレゼンターから遠く離れた場所に据えられていた）。プレゼンターは、持ち時間の半分は手元のメモに目を落とし、残り半分の時間は会場の別方向にあるスクリーンに視線を向けていた。彼は多くの内容を扱っていたが、聴衆と全く心を通わせることができなかった。社交辞令的な拍手とは裏腹に、そのプレゼンテーションは当事者全員にとってまさに時間の無駄だった。それが印象に残ったのは、聴衆に意識改革をもたらしたからではなく、単にあまりにもつまらなかったからだ。コンテンツの質だけでは心を動かすことはできない。インパクトをもたらすためには、聴衆と感情的なつながりを持つ必要がある。本章では、聴衆との一体感を確立するための3つのシンプルなアイデア──「パンチ（Punch）」、「存在感（Presence）」、「プレゼンターの印象（Projection）」（「3つのP」）──を紹介するつもりである。

オープニングにはパンチが必要である

　先日、日本を訪問中のCNNのニュースキャスターと昼食を共にする機会があった。私は彼にプレゼンテーション初心者へのアドバイスを請うことにした。何しろ彼は（カメラが回っていない場合も含めて）毎年何百回ものプレゼンテーションをこなしている人間だ。そんな彼の語るプレゼンテーションの極意を私はぜひ聞いてみたかった。彼は間髪入れずに拳を宙に突き上げ、大声で言った。「いきなり聴衆の心をわしづかみにしなきゃだめだ！」何事も初めが肝心である。オープニングにはパンチが必要だ。「最初に聴衆の心をつかまなければ、残りのプレゼンテーションは水の泡になりかねない」。彼はそう語った。

　話の「つかみ」はこのようにきわめて重要なものである。従って通常の挨拶（例：「ご来賓の皆さま、本日はこのような名高い団体のお招きに預かり、素晴らしい聴衆の前でお話する機会を頂きましたことを、大変光栄に思います。幸いなことに、本日は穏やかな晴天に恵まれ、今年は寒さが厳しかっただけに、有難さもひとしおです。さらには……」）は、一切省略することを強く勧める。型通りの長ったらしい前口上は排除しよう。微笑みながら一言「ご紹介ありがとうございます」あるいは「おはようございます」と言うだけで十分だ。そしてすぐに本題に入ればいい。

「パンチ（P.U.N.C.H.）」を使ってインパクトを与える

　心理学の「初頭効果」をプレゼンテーションに当てはめれば、人はプレゼンテーション冒頭に起こったことを一番よく覚えているはずだ。聴衆との一体感を確立するためには、いきなり彼らの心をつかまなければならない。聞き手の注意を引く、パンチの効いたオープニングは最重要事項だ。『The Articulate Executive』（McGraw-Hill）の著者、グランヴィル・トゥーグッドもまた、単刀直入でインパクトのあるオープニングを重視している。「出だしでつまずかないようにするためには、いきなり本題に入るべきだ」。彼は言う。「聴衆の心を焚き付けるには、最初からガツンといかなければならない」。

　パンチの効いた「つかみ」で、いきなり聴衆を引き付ける方法はたくさんある。ここではスピーチをうまく切り出す方法のうち、定評のある5つの項目を紹介する。この5項目——「個人的（Personal）」、「予想外（Unexpected）」、「斬新（Novel）」、「挑発的（Challenging）」、

「ユーモラス（Humorous）」の頭文字を並べると、都合のいいことに「PUNCH」という言葉になる。最高のプレゼンテーションには、これらの要素が少なくとも一つは含まれている（ここに載せたスライドは、「PUNCH」について聴衆に説明する際に、背景として映し出されたものである）。

個人的（Personal）

　個人的な要素で人々を引き付けよう。私はかつてある企業で、職場の安全性に関する素晴らしいプレゼンテーションを見た（その会社の従業員は、非常に危険な仕事に就いていた）。プレゼンテーションの冒頭を飾ったのは、可愛らしい子供たちの高画質写真だった。親にとっての子供の大切さについて語った後（聴衆の大部分は子持ちだった）、プレゼンターは「実はこれはうちの子供なんです」と打ち明けた。「私の人生で一番大切なことは、この子たちの面倒を見るために長生きすることです。私たちは、家族やお互いのために、安全手順や規則を遵守する責任があります。『パパ（ママ）はもう帰ってこないんだよ』──そんな風に聞かされる子供を絶対に作り出してはならないのです」。このオープニングはトピックに即しているだけでなく、個人的な要素を含んでおり、感情を揺さぶるものだった。それは全員の注意を引き付け、これから始まるプレゼンテーションの舞台を盛り上げてくれた。その結果、安全規則を箇条書きにして並べるという従来のやり方より、はるかに個性的で心に響くプレゼンテーションが生まれたのだ。

　オープニングに個人的な要素を取り入れる方法はたくさんある。「個人的な要素」とは、自らの経歴を長々と語り、組織図を見せたり、自分がプレゼンテーションの適任者である理由を説明したりすることではない。一方、個人的なエピソードは、（それによって要点が浮き彫りになり、テーマを印象的な形で提示できるのなら）非常に効果的なオープニングになり得る。

予想外（Unexpected）

　予想外の事実を披露しよう。人々の予想を裏切るようなことを言ったり、やったりすれば、彼らの注目を集められる。予想される通常の挨拶（あらゆる人々に謝辞を述べ、スピーチができる喜びを語ったもの）をカットするだけでも、ちょっとしたうれしい驚きを提供できるはずだ。型通りの退屈なオープニングの代わりに、衝撃的な引用句、予想外の解答が飛び出すQ&A、常識を覆す統計データなどを取り入れてみよう。人々の驚きの感情を呼び覚ますようなことを言ったり、やったりしよう。こうした感情は覚醒レベルを上げ、集中力を高めてくれる。「そこには驚きがなければならない……　一般には知られていない、あるいは常識に反する重要な事実が存在しなければならない」マネージメントの第一人者、トム・ピーターズはそう語る。「驚きが存在しなければ、そもそもプレゼンテーションをやる理由などないのだ」。

斬新（Novel）

　斬新な発言をしたり、珍しい物を見せたりしよう。誰も見たことのない衝撃的な写真で冒頭を飾るのもいい。あるいは未公開の関連エピソードを明かしたり、トピックに新たな光を投げかけるような最新の統計データを紹介しよう。おそらく聴衆の中には、未知なるものに憧れ、新しい発見に飢えている生粋の探究者が大勢いるに違いない。なかには新奇なものに対して脅威を感じる者もいるだろう。しかし、安全が保証された環境で、適度に触れる程度なら、聴衆もそれらに好意的な反応を示してくれるはずだ。

挑発的（Challenging）

　世間一般の通念に異議を唱えよう。あるいは聴衆の思い込みを打ち破ろう。人々の想像力を試してみるのもいい。「ニューヨークから東京まで2時間の空の旅はいかがですか？　そんなの無理だって？　なんと、それが可能だという専門家もいるんです！」思わず頭をひねってしまう刺激的な質問によって、知的に彼らを挑発しよう。多くのプレゼンテーションや講演が失敗に終わるのは、聴衆の積極的な参加を想定せず、情報を話し手から聞き手へ平行移動させようとするからだ。しかし、聞き手の集中力が最も高まるのは、彼らの脳や体に働きかけ、好奇心をくすぐり、知性を刺激するような体験をしてもらったときなのである。

ユーモラス（Humorous）

　ユーモアを利用し、一緒に笑い合うことで聴衆の心をつかもう。笑いには多くの効用がある。笑いは人から人へ伝染していく。笑いを分かち合えば、聴衆同士の、そして話し手との一体感が強まり、会場の雰囲気が盛り上がる。笑うことによってエンドルフィンが放出され、全身がリラックスし、物の見方まで幾分変わってくる。「笑っているのはちゃんと聞いている証拠」という古いことわざもある。確かにその通りだ。しかし、笑っている人々が必ずしも何かを学んでいるとは限らない。そうしたユーモアがトピックに直結していること、あるいは、スピーチの目的から外れることなく、話の流れにうまく乗っていることが、きわめて重要になってくる。

　プレゼンテーションにユーモアを取り入れることは、不当な非難を浴びることが多い。ジョーク（ほぼ100％つまらないもの）でスピーチを始めるという悪しき習慣がその原因で

ある。こうしたジョークは、同情的な愛想笑いを引き起こすのが関の山だ。下手をすると、冗談が全く受けなかったり、聴衆の気分を害したりする可能性もある。どちらにせよ、プレゼンターは出ばなをくじかれてしまう。しかし、ジョークはここでのテーマではない。そんなものは無用だ。メッセージを強調し、トピックやテーマを提示してくれるような、皮肉なエピソードやユーモラスな小話——こういったものこそ、効果的なオープニングだと言える。

　プレゼンテーションの切り出し方は山ほどあるが、どういう方法を選ぶにせよ、最初の２〜３分という貴重な時間を、形式的な挨拶による「雰囲気作り」に費やすべきではない。最初からガツンといこう。「PUNCH」を構成する５つの要素以外にも考慮すべきポイントはある。しかし、自分のプレゼンテーションの冒頭に、これら５つのうち、２〜３のアプローチが含まれていたとしたら、あなたはインパクトのあるオープニングへ確実に近づいていると言える。

プレゼンテーションの場で尻込みしていては駄目だ。パンチの効いたオープニングで聴衆の注意を引き付けよう。（写真：パリにてプレゼンテーションを行うフィル・ワクネル）

ハネムーン期間

　聴衆の関心を引き、それを持続させるのは厄介な仕事である。一般に人々は話し手の成功を望んでいるものだ。しかし、それとは裏腹に、彼らは話し手に1〜2分の猶予しか与えてくれない。このわずかな「ハネムーン期間」内に、人々に好感を抱いてもらう必要がある。定評のある著名なプレゼンター（有名スターを含む）でさえ、わずか1分ほどのハネムーン期間しか与えられない。それを過ぎると、なかなか心をつかんでくれない話し手に対して、聴衆はしびれを切らしてしまう。

　数年前、私は大阪からカリフォルニア州パロアルトのスタンフォード大学へ飛び、ある学部を対象にプレゼンテーションを行った。予定では当日の朝に到着し、開演までは数時間の余裕があるはずだった。しかし、日本からの飛行機が遅れた上に、高速道路が混んでいたため、私がブリーフケースとコンピューターを抱えて会場に入ったのは、予定されていた開始時間のまさに1分前だった。会場は大勢の聴衆で埋め尽くされていた。全員がすでに着席し、プレゼンテーションが始まるのを待っている。全ての視線が一斉に私に注がれる（……ゴクリ）。今すぐセットアップを始めても、準備が整うまでに数分はかかるだろう。しかし「少々お待ちください」と言いながら機材をいじり出すのは、オープニングとしてあまりにお粗末であり、最悪の第一印象を与えてしまう。そこで私はセットアップに取りかかるのはやめて、即座に聴衆との会話を始め、これまでに目にしたプレゼンテーションの成功例や失敗例を語ってもらったり、優れたプレゼンテーションにおけるデザイン思考の役割について話し合ったりした。その後、私は聴衆にディスカッションの課題を与え、彼らが話を繰り広げている間に（会場はがやがやした賑やかな雰囲気に包まれた）素早くコンピューターをプロジェクターに繋ぎ、全てのセッティングを整えた。わずか2〜3分後には、私は引き続きディスカッションの指示を出せる態勢になっていた。あなたやそのプレゼンテーションに対する印象は、最初の数秒で決まってしまう。その貴重な数秒の記憶が「もたもたと機材をいじっているプレゼンター」になることだけは避けたい。

竹のごとく生きる：
日本の森に学ぶ7カ条

　私が住む奈良の村を取り囲む森林は、美しい竹林に満ちている。日本では竹の象徴的意味は深く広範囲に及び、人生や仕事についての実践的な教訓を提供している。ここでは、私は「プレゼンテーション」や「学習」を念頭に置いて、7つの教訓をまとめてみた。とはいえ、以下のアドバイスを読みながら、それらを（プレゼンテーションのみならず）各自の仕事に生かす方法を模索してみてほしい。

1．曲がっても折れない──柔軟でありながら、強固に根を張った存在になろう。

　森にそびえる竹の最も印象的なところは、かすかなそよ風にも揺れる姿である。優しく揺れるその姿は、謙虚さの象徴だ。竹の枝は堅くしっかりしているにも関わらず、そよ風の中でさらさらと揺れる。一方その幹は地中に深く根付いている。竹は風に逆らわず、ゆったりと体を預けているが、その土台は決して揺らぐことがない。やがて、いかなる強風も根負けしてしまう。しかし竹は悠然と立ったままだ。「柔よく剛を制す」や、「流れに棹さす」といった態度は、竹の話のみならず、Q&Aで厳しい質問を投げかけられたときや、日常の予期せぬ出来事に対処するときなど、あらゆる場面に応用できる成功の秘訣である。

2．「弱く見えるものこそ、芯は強い」を肝に銘じる。

　竹は、森にそびえるその他の大木に比べて、決して大きくはない。それは一見、たいした木に思われないかもしれない。しかし竹という植物は、冬の寒さや夏の猛暑を耐え忍び、台風の後に唯一倒れずに残っていることも多い。それは高さでは他の木に及ばないかもしれないが、強靭なる生命力を持ち、過酷な気象条件の下でも、凛として立ち続けている。竹は見かけほど弱々しいものではない（むしろ正反対だ）。偉大なるジェダイ・マスターの言葉を思い出してほしい――「大きさは問題ではない。わしを見ろ。わしを大きさで判断するのか？」我々は「強さ」や「弱さ」の固定観念にとらわれて、他人や自分自身を見くびらないようにしなければならない。あなたは大企業の社員や、有名大学の出身者ではないかもしれない。それでも、竹のごとく、自分の力を信じ、堂々と立ち向かおう。そして自分が必要十分な強さを備えていることを知ろう。

3．常に臨戦態勢を保つ。

　さまざまな加工や仕上げが必要な他の木材とは違って、竹材はほぼそのままの状態で使うことができる。合気道の名人フルヤ・ケンショウ（古谷顕彰）は『Kodo:Ancient Ways』において「戦士は竹のごとく常に臨戦態勢にある」と語っている。プレゼンテーションやその他のプロフェッショナルな活動においても、訓練を通じて、自分なりの「臨戦態勢」を確立できるはずだ。

4．逆境をはね返す。

　竹は日本では幸運のシンボルであり、新年を祝う縁起物の一つでもある。雪に覆われた竹のイメージは、逆境をはね返す力を象徴している。冬になると、雪の重みで竹の枝は大きくたわんでいく。やがて重さに耐えられなくなった雪が崩れ始めると、竹は全ての雪を払いのけ、勢いよく跳ね返る。雪の重みにじっと耐えてきた竹は、最終的に逆境をはね返すだけの力を秘めている――まるで「負けるものか」と言わんばかりに。

5．空ろなものに英知を見出す。

　何かを学ぶための第一歩は、先入観を捨て、心を空っぽにすることである。満杯のコップに水を注ぐことはできない。竹の内部に広がる空洞は、人々の心が自意識や勝手な思い込みでいっぱいになっていることに気付かせてくれる。我々の心の中には他のものが入り込む余地が全くない。自然と人間の両方から、知識や知恵を吸収するには、今までとは違った新しいものに対して心を開く必要がある。自分の中にある偏見、プライド、不安を捨て、心の中を空っぽにすれば、さまざまな可能性を素直に受け入れられるようになるだろう。

6．（継続的な）成長のために全力を傾ける。

　竹は最も成長の速い植物の一つである。（あなたが誰であろうが、どこにいようが）あなたもまた、素晴らしい成長力を秘めている。私はよく「カイゼン」（継続的な向上）という言葉を口にする。「カイゼン」の場合、大躍進の必要はない。しかし、継続的な向上と学習に全力を傾けることによって、スタート地点を振り返って見たとき、竹のように著しい成長を遂げていることもある。我が家の窓の外に見える竹は、非常に速いスピードで成長しているが、日ごとにどれだけ伸びているかは、なかなかわかりにくいものだ。たとえ進歩を遂げていても、自分ではそれに気付かないこともある。スピードが速いか遅いかはたいした問題ではない。とにかく前に進んでさえいればいい。竹の成長が最も速くなるのは梅雨の時期である。あなたにも、成長が著しい時期とそうでない時期が存在するかもしれない。しかし、たゆまぬ努力を続けることで、あなたの力は常に伸びているはずだ。成長や改善の兆しが見えないからといって落ち込む必要はない。あきらめさえしなければ、成長が止まることはない──結果が目に見えてくるのは、ずっと先かもしれないのだ。

7．単純であるからこそ役に立つ。

　合気道の達人フルヤ・ケンショウはこう語る。「竹は単純であるがゆえに人の役に立っている。人間もそれに倣うべきである」。我々は自分の賢さをアピールすることに多くの時間を費やしている。自分は注目や称賛に値する人物であると、他人に（そして自分自身に）思い込ませようとしているのだろう。我々はシンプルなものをあえて複雑にすることによって他人を感心させようとする。さらに他人から「そんなの知ってるよ」と言われるのを恐れて、複雑なものをシンプルにすることを怠ってしまう。我々が余分な要素を差し挟まなくても、ただでさえ人生や仕事は複雑なものだ。もし他人の目を恐れなければ、もっと創造力を発揮し、複雑な問題に対するシンプルな解決法を見つけられるかもしれない。こうした解決法こそが、最終的に聴衆や顧客、患者、学生にとって最も役に立つのだ。

再生可能な材料である竹は、用途が多く、優雅で洗練されているが、それでいて慎ましやかである。竹が生まれながらに持っている単純性と強靭さは、多くの人生の教訓を与えてくれる。

弁解の言葉でスピーチを始めてはならない

　その日の聴衆のための準備を怠ったことに対して謝罪をしてはならない。それを匂わせてもいけないし、ましてはっきり認めてしまうのはご法度だ。準備を怠ったのは確かに真実かもしれない。あなたの謝罪は（単なる弁解ではなく）心からお詫びしたいという気持ちの表れかもしれない。だが、その思いは決して聴衆には伝わらない。思い通りの準備ができなかったことに対するあなたの嘆きなど、聴衆にとってはどうでもいいことだ。わざわざそれを口に出して、彼らの頭に刻みつける必要は全くない。ふたを開けてみれば、実は十分な準備ができていて、プレゼンテーションの出来も悪くないかもしれない。しかし聴衆は、心の中でこうつぶやいているだろう。「やれやれ、言ってた通りだね——こりゃ準備不足だ」。

　「緊張しています」と聴衆に告げることについても同様である。「さっきまで緊張しているようには見えなかったけど、言われてみると……」。あがっていることを素直に告白するのは、誠実な「裸のアプローチ」に思われるかもしれない。しかし、それはあまりにも自己中心的な考え方である。あなたが今心を注ぐべきなのは、聴衆の気持ちや要望の方だからだ。緊張していることを告白するのは、聴衆の気分を和らげるためではない——単に自分の気持ちを楽にするためである。実際、自分があがっていることを認めれば、気楽にやれるかもしれない。感情というものは無理に抑えつけるより、その存在をはっきり認めた方がうまくいく。「口に出すと気持ちが楽になる」とよく言われるのはそのためだ。だが、プレゼンテーションの主役はあくまで聴衆である。話し手の緊張ぶりを聞かされても、聴衆には何のメリットもない。自分が緊張していること（そして、それが当たり前だということ）を認めるのは、心の中だけにしよう——そうした情報は決して聴衆に伝えるべきではない。

アジェンダ（目次）を見せるべきか？

　プレゼンテーションの冒頭で目次スライドを見せるのは避けた方がいい。しかし、最初に聴衆の心をつかんだ後であれば、これから先のコンテンツの流れを紹介するのはいいことだ。通常、こうした説明は口頭で行われ、ほんの数秒で済んでしまうことが多い。ただし、コンテンツの量が多い場合は、聴衆にプレゼンテーション全体の骨組みを提示し、進行具

合を随時知らせる必要が出てくるかもしれない。Macworld2007の基調講演において、スティーブ・ジョブズはそれを実践している。彼はプレゼンテーションを「3幕」に分け、各セクションが始まる際に、その幕の番号を表示していったのだ。

　もう一つの選択肢として、セクションの数と、各セクションの全体に占める割合をはっきり示すというやり方がある。下に挙げたのは、私があるプレゼンテーション用に作成したスライドである。1時間に及ぶこのプレゼンテーションは、数多くのコンテンツを扱っていた。このスライドを見れば、プレゼンテーション全体の流れが一目でわかる。

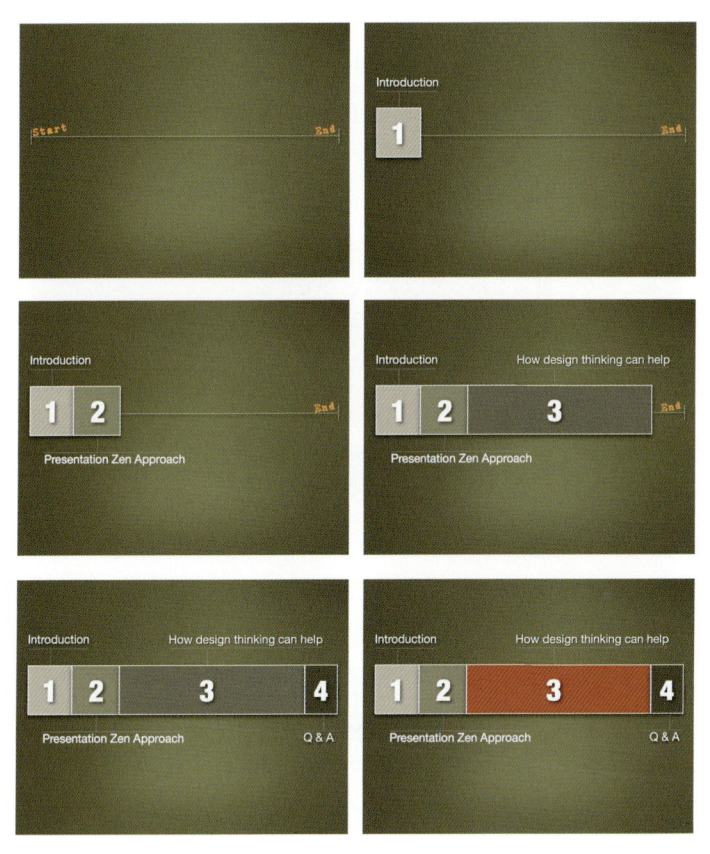

箇条書きに代わる選択肢の一つとして、時系列図の一種を使ってプレゼンテーションの概要を視覚的に説明するという方法がある。私が全体の構成を紹介するにつれて、左から順番に棒グラフとタイトルが表示されていく。

存在感(プレゼンス)を確立する

　「その場にいること(プレゼンス)」とは、「今」の大切さに気付くことである。それは、過去も未来も存在しないという心構えを指す。存在するのは、「この一瞬」、「このプレゼンテーション」、「この観客」のみである。その瞬間に集中すれば、自ずと心が静まり、過去や未来の悩みは消えていく。初対面の人と会話がはずみ、「ずっと話していたい」と思ったことはないだろうか？　そのときの気持ちと、一刻も早く逃げ出したくなるような退屈な会話に付き合わされたときの気持ちを比べてほしい。会話が盛り上がらないのは、その人の心が「今」「ここ」に集中していないからだ。彼はきちんと礼儀に従い、適切な発言をしているかもしれない。しかし、その心はどこか「よそ」に行っていて、相手に対して表面的な興味しか抱いていない。人々が本心を隠したり、居心地の悪さを感じたり、他のことを考えたりしていることを、我々はすぐに見抜いてしまう。会話上手な人と同様に、「今」「ここ」に集中しているプレゼンターは、聴衆と心を通じ合わせ、少なくとも今だけは、決してその場を離れず、彼らと語りあうつもりであることを、誠意を持って示すことができる。

「今」「ここ」に集中する

　我々はみな、いくつもの会議やプレゼンテーションを掛け持ちし、あちこちを忙しく飛び回っている。従って個々のプレゼンテーションや聴衆に対する集中力はどうしても失われがちになる。新しい聴衆に向けてプレゼンテーションを作成・実施することを迫られているとき、私は、他にどんなに多くの仕事を抱えていようが（それによって集中力が切れそうになろうが）、「このプレゼンテーション」、「目の前の聴衆」だけに集中するように、自分を追い込んでいる。「次のプレゼンテーションなんてない。これしかないんだ」──相手が50人であれ、5000人であれ、新しい聴衆の前で話し始めるときは、常に自分にそう言い聞かせることにしている。20年以上にわたって、私はそれを続けてきた。この方法は、ポール・ニューマン主演の映画『評決』（1982年度アカデミー賞ノミネート作品）に想を得たものだった。映画の中で、ニューマンは落ちぶれた弁護士を演じている。勝ち目のない裁判を前にして、彼は何度も自分にこう言い聞かせる。「次の裁判なんてない。これしか

ないんだ」こう唱えることで、彼は（過去の栄光や、近年の度重なる挫折ではなく）「今」「ここ」に集中することができ、奮闘の結果、最終的に勝利を得ることができたのだった。ここには、法廷弁護士だけでなく、あらゆるプロフェッショナルにとって重要な教訓がある。「過去を引きずるな。未来を案ずるな。次の仕事なんてない。この裁判、あるいは、このプレゼンテーションしかないんだ」。聴衆はプレゼンターが100％の集中を傾けてくれることを望んでいる（プレゼンターもまた、聴衆にそれを望んでいる）。彼らはプレゼンターが、今、この瞬間に完全に集中できているかどうかを簡単に見抜いてしまうだろう。

思い切ってありのままの自分を見せる

　相手を説き伏せるためのテクニックにこだわったり、他人の目を気にしたり、自分の発言が正しいかどうか不安になったりしているとき、その人の心は「今」「ここ」に存在していない。自由になり切れていない。心は過去か未来のどちらかにあり、「今」「ここ」で聴衆に寄り添ってはいないのだ。時にはあえてありのままの自分をさらけ出すべきである。成功や失敗のことは考えず、思い切ってプレゼンテーションに身を投じれば、聴衆との間に驚くほどの一体感が生まれる。プレゼンターの唯一の関心は、その瞬間にできる限りの貢献を果たし、率直な対話を繰り広げることでなければならない。不安や疑いから心を解放してやれば、本来の自分を取り戻すことができ、的を絞ったわかりやすいプレゼンテーションが生まれてくる。それによって、聴衆との心の結び付きはさらに強くなる。自分にこう問いかけよう。「あらゆる懸念を取り除くことができたら、自分はどうやり方を変えるだろうか？　成否への不安を払拭できたら、本来の自分により忠実な方法で、どのようにプレゼンテーションを準備・実施するだろうか？

　就職の面接もプレゼンテーションの一種である。数年前、私は生涯最高の就職面接を経験した。不安を完全に払拭できたことがその勝因だった。実際、私は仕事をもらえるかどうかを全く気にしていなかった。通常、こうした不安は応募者に重くのしかかり、本来の自分を見失わせてしまう。ところが、このときの場合、私は前日に別の会社から仕事のオファーをもらっており、その申し出を受けるつもりでいた。とはいえ、もう一つの仕事の詳細についても興味があったので、一応面接を受けることにしたのだ。面接会場へ入ると、お堅い雰囲気の3人の面接官がテーブルの反対側に座り、国際ビジネスや、仮想戦略に関

する数多くの質問を投げかけてきた。

　通常、こういった面接――どこか「尋問」を思わせるもの――に臨む場合、私は少なくともやや緊張気味になる。だがこのときは、1時間に及ぶ面接の成否への不安が全くなかったため、完全にリラックスすることができた。意見を述べたり、逆に質問をしたりすることを、むしろ楽しいと思ったほどだった。私はまるで親友と熱のこもった会話を繰り広げるときのように、のびのびと、情熱的に、ありのままの自分を表現することができた。面接の後半になると、反対側に座っている3人の顔には微笑みすら浮かんでいた。彼らは身を乗り出し、話の流れのままに、台本にはない質問を発するようになっていたのだ。

その瞬間に完全に集中し、結果を気にしないことによって、厳しい就職面接の場でも、ありのままの自分でいられるようになる。

面接の後になって初めて気付いたのだが、私のこの体験は、自己不信や成否への不安を払拭し、コンテンツと聴衆だけに100％集中できたときの、自然でのびのびとした感覚や、聞き手との一体感に通じるものがあった。その日以来、私は同じような集中力を、あらゆるプレゼンテーションに取り入れるよう努力している。プレゼンテーションの成否が重要なのは言うまでもない。しかし本番中は、「この瞬間」と「目の前の聴衆」に100％の集中を傾けるべきだ。結果を気にしなければ、ありのままの自分でいることができ、聴衆にもその違いが伝わってくる。プレゼンターの自然体の姿勢は、聞き手にとって新鮮に映るだろう。

本物だけが持つ魅力

　真実味は、話し手の存在感(プレゼンス)の重要な構成要素である。「本物」は人を魅了する。聴衆が求めているのは完璧さではない。過度にリハーサルを繰り返し、巧みな言い回しで、論点をぺらぺらとまくしたてる人間などいらない。彼らはありのままの自分を素直にさらけ出した「リアルな人間」の言葉を聞きたがっているのだ。真実味の持つ力は大きい。しかし、それはめったに出会えるものではない。ディスカバリー・チャンネルの『突撃！大人の職業体験』のホストであり、『ベーリング海の一攫千金』をはじめとする多くのテレビ番組でナレーターをつとめてきたマイク・ロウは、真実味というものについて、素晴らしいコメントを残している。以下に挙げたのは、今は亡きフィル・ハリス船長（『ベーリング海の一攫千金』に登場する人気者）を偲んで書かれた、2010年のある記事の一節である。

> 　要はこういうことだ――世界は真実味に飢えている。ビジネスでも、プライベートでも、仕事でも、遊びでも。我々が真実味を求めるのは、その希少価値のせいだろう。だからこそ「本物」を見つけたとき、我々はそれを心待ちにするようになる。我々はテレビでそれを見たり、行列を作ってそれに近づく機会を得ようとしたりする。正真正銘のファン、本物の漁師、真のCEO――特に目をこらさなくても、「本物」かどうかは一目でわかる。フィル・ハリスは「本物」だった。欠点はあるものの、優しく、人間味にあふれた、本物の海の男であり、偉大な船長だった。
>
> 　　　　　　　　　　　　　　　　　―― マイク・ロウ

フィル・ハリス船長が持っていた「本物の魅力」とプレゼンテーションの本は、一見縁遠いものに思われるかもしれない。しかし、その本質は共通している。フィル船長とその人気の高さは、完璧な人間にならなくても、他人と心を通わせられることを思い出させてくれる。ただし、我々はありのままの、本物の自分を見せねばならない。「本物の自分」はさまざまな形を取って現れ、定量化するのは不可能である。しかし、聴衆は一目でそれを見抜くことができる。

原稿を読み上げてはならない

　2001年10月の初代iPodの発表からまだ日が浅い頃、私はAppleのプロダクトマーケティングマネージャーとともに、地方のユーザーグループミーティングへ向かった。そこでは熱烈なMacファンたちが、新製品に関する情報を得ようと躍起になっていた。このプロダクトマーケティングマネージャーの話に純粋に耳を傾ければ、彼女がプレゼンテーションのコンテンツを完全に把握し、iPodの全てを知り尽くしていることは明らかなはずだった。しかし、彼女はユーザーグループミーティング特有の、砕けた感じのプレゼンテーションに慣れていなかった。聴衆を前にした彼女は、いささか堅苦しい立ち振る舞いを見せていた。一方、当の聴衆は、自分たちをチームの一員と見なしており、型通りの営業トークで商品を売り込まれる顧客とは考えていなかった。何よりも、彼女が聴衆と心を通わせられなかった一番の原因は、メモに頼ってしまったことだった。彼女はほんの数回しかメモを見なかったのだが、それでも多くのユーザーグループリーダーの目には奇異に映った。メモを見るなんて、話の内容を完全に把握できていない証拠じゃないか？　実際は、彼女の製品に対する知識は完璧だった。それにも関わらず、時々メモに目を落とすという単純な動作が、聞き手と心を通わせることをここまで阻んだのは驚きだった。

　コミュニケーション学の第一人者、バート・デッカーは、スピーチの原稿を読み上げることを極力避けるように勧めている。著書『You've Got to Be Believed to Be Heard』（St. Martin's Press）の中で、デッカーはこう語っている。「原稿の朗読を聞かされるのは退屈だ……　さらには、原稿を読み上げることで、スピーカーから真実味が消え、熱意が感じられなくなってしまう」。これはスライドを読み上げることにも当てはまる。昔は、背後のスライドの文字をそのまま読み上げるのが、典型的なスライドウェアの使用法だった。驚く

べきことに、このやり方はいまだに踏襲されている。しかし、決してそれを真似すべきではない。スライドに大量のテキストを表示し、それを一つずつ読んでいくというやり方は、聴衆を疎外するのにうってつけの方法であり、彼らと心を通わせたいというあなたの願いを見事に打ち砕いてしまう。

　Alltop.comの共同創設者で『Enchantment:The Art of Changing Hearts, Minds, and Actions』（Portfolio）の著者であるガイ・カワサキは、人々が実際に読めるように、スライドには大きめのフォントを使うべきだと訴えている。「そうすれば、プレゼンテーションの内容を完全に把握した上で、核となる言葉だけをスライドに載せざるを得なくなる。」彼はそう語る。以下に挙げたのは、2006年、シリコン・バレーで、会場を埋め尽くした企業家に向かって彼が語った言葉である。辛口で知られるカワサキは、スライドをそのまま読み上げることについて、こう述べている。

> 　スライドに8ポイントや10ポイントのフォントを使わなければならないのは、コンテンツが頭に入っていないからだ。こうした理由でスライドの朗読を始めれば、聴衆はたちまち「このプレゼンターはダメだ」と思ってしまう。「こいつ、スライドをそのまま読んでるじゃないか。あんたがしゃべるより、おれの読むスピードの方が速いのに。よし、さっさと先を読むことにしよう」。
>
> 　　　　　　　　　　　　　　　　　　　　―― ガイ・カワサキ

　カワサキのコメントは爆笑を引き起こした。だが、彼の言葉は正しい。PowerPointスライドを読み上げるつもりなら、プレゼンテーションを中止した方がましである。あなたが聴衆を引き込み、何かを教えたり、説得したりできる見込みはゼロに等しいからだ。単にスライドを朗読するだけで、存在感を示し、聴衆と心を通わせ、情報を印象的に伝えられるわけがない。

決してスライドを読み上げてはならない

聴衆に与える印象を大切にする

　私はかつて、ある人物のプレゼンテーションに出席した。彼が知性と自信とカリスマに溢れた男であることを私はよく知っていた。一緒にいて楽しい、活動的な人物だった。彼のプレゼンテーションもまた、魅力に満ちた素晴らしいものに違いない――私はそう思っていた。しかし、その予想は見事に外れた。問題はコンテンツの質や、準備不足ではなかった――彼のスピーチの準備は万全だった。真の問題は、彼が聴衆との一体感を全く生み出せなかったことにあった。普段、私が目にしている、自信に満ちたカリスマ的な人間像が、初対面の聴衆には伝わらなかったのだ。聴衆は彼にある程度の好感を抱き、その知識の豊富さも認めていた。しかし、彼は無意識のうちに、優柔不断で、弱々しく、自信に欠けた人物という印象を与えてしまっていた。つまり、彼は自分の人物像を――さらには自分のメッセージを――目の前の聴衆に伝えきれていなかったのだ。

　（スピーチの内容の他に）自分の人物像を聴衆に伝える能力を評価するにあたって、考慮すべき要素が３つある――「外見」、「動き方」、「声の調子」である。聴衆は（意識するとしないとに関わらず）この３つの要素に基づいて、話し手とそのメッセージを評価している。

服装に配慮する

　服装は重要だ。多くのプレゼンテーション・コーチは、常識的に言って少なくとも聴衆よりややフォーマルな服装をすべきだと助言する。もちろん、企業やその場の雰囲気に合わせて、臨機応変に服装を変えることは大切である。しかし、くだけすぎた服装をするよりは、ややフォーマルすぎるくらいの方がいい。話し手はプロフェッショナルな印象を与えねばならない――だが同時に、聴衆から浮いてしまわないように気をつける必要がある。例えば、シリコン・バレーでは、ドレスコードが非常にカジュアルな場合がある。たとえジーンズばきでも、身だしなみがよく、上質のシャツと靴を身に着けていれば、そこではプロフェッショナルな印象を与えるかもしれない。東京では、男女を問わず、基本的にどこでもダークスーツにしておけば間違いない。ジャケットを脱いだり、ネクタイを外したり、シャ

ツの袖をまくり上げたりすれば、少々ドレスダウンすることはいつでも可能である。しかし、カジュアルすぎる服装をドレスアップするのは難しい。念のために、そして聴衆に敬意を払うためにも、あえてフォーマルでプロフェッショナルな服装を選んでおこう。

意図を持って動く

　プレゼンテーションの間、ずっと同じ場所に立ち続けるのはできるだけ避けよう。ステージ（あるいは部屋の前方）全体を使ってスピーチを行った方がずっといい。そうすれば人々と触れあうチャンスができる。とはいえ、用もないのにあちこち歩き回ったり、スクリーン周辺をうろうろしたりするべきではない。こうした動作は聞き手の集中を妨げるだけでなく、話し手の緊張の大きさ（自信や度量の大きさではない）を物語ってしまう。
　場所を移動するときは、ゆっくり、堂々と歩くべきだ。何かを説明したり、物語を語ったりするときには足を止めよう。話が済んだら、ゆっくりと別の場所へ移動し、再び足を止めて別のポイントを説明するといい。部屋の反対側から質問が飛んだときは、相手に気付いたことを身振りや表情で知らせつつ、ゆっくりとそちらへ歩き出し、彼らの言葉に耳を傾けながら、質問者の側に近づいていこう。音声の面で支障がなければ、ときおり客席の中へ歩いていくのはいい考えだ。ただし、（例えば、聴衆に与えたアクティビティの間に質問に答えるなど）そうするだけの理由があればの話である。
　舞台の上では、足を肩幅くらいに自然に開き、しっかりとその場に立つようにしよう。銃に手を伸ばしかけたカウボーイのような姿勢をとったり、気を付けをするように足をぴったり揃えて立ったりするのはやめよう。気を付けの姿勢や、足を交差させた立ち方は、身構えた、あるいは自信に欠けた態度の表れである──リラックスしているときには、人はこんな不自然な立ち方はしない。こうした姿勢をとると、体がふらつきやすくなり、何となく弱々しい印象を与えてしまう。また、演台には寄りかからないようにしよう。この動作はだらしなく見えるだけでなく、悪くすると、疲れているような印象を与えてしまうからだ。
　緊張すると、ジェスチャーなどの体の動きが速くなりがちである。自然で落ち着いた印象を与えるために、全ての動作をゆっくり行うことを忘れないようにしよう。

聴衆と向き合う

　背後にビジュアルが映し出されていても、（瞬間的に目をやる場合を除いて）振り向いてそれを眺める必要はない。スクリーンを指差すときには、体を聴衆の方へ向けたまま、首だけを動かすようにしよう。こうした姿勢を取っていれば、スライドに目をやった後、自然に聴衆の方へ向き直ることができる。瞬間的にスクリーンに目を向け、スライドの細部を指し示す程度なら、許容範囲だ。しかし（単にスライドの内容を確認するために）背後やステージの反対側のスクリーンをずっと眺めていることは、聞き手の集中力の妨げにしかならない。コンピューターを使ってビジュアルをスクリーンに映し出す場合は、（特殊な状況を除いて）目の前の低い位置に端末を設置し、後ろを振り向かなくてもいいようにしておこう。

アイコンタクトで心を通わせる

　聴衆と向き合う重要性に関連する要素として、しっかりとしたアイコンタクトを取ることが挙げられる。聴衆と自然なアイコンタクトを保つことはきわめて重要だ。原稿を読んだり、メモに頼ったりしないように私が忠告する理由の一つがここにある——原稿に目を落としながら、同時に人々の目を見つめることは難しいからだ。アイコンタクトは自然に行わなければならない。そのためには、実際に客席の人々の顔を見る必要がある（もし、代わりに部屋の奥や両端を眺めていたら、聴衆は何となくそれに気付いてしまい、一体感が損なわれてしまうだろう）。聴衆が比較的少人数（50人以下）の場合、ステージを意図的に動き回り、本番中に全員とアイコンタクトを交わすことも可能だろう。基調プレゼンテーションに特有の大観衆を相手にするときでも、特定の人々を選んで、その人の顔を見ながら話すようにするといい（後ろの方に座っている人々でもかまわない）。一人の顔を見つめれば、近くにいる人々も自分が見られているように感じるものだ。プロの歌手が大きなホールで歌うときにもこのテクニックが使われている。客席全体を漠然と見渡すのではなく、会場内のさまざまな場所で個々の聴衆と実際に短いアイコンタクトを交わすことが重要なのだ。

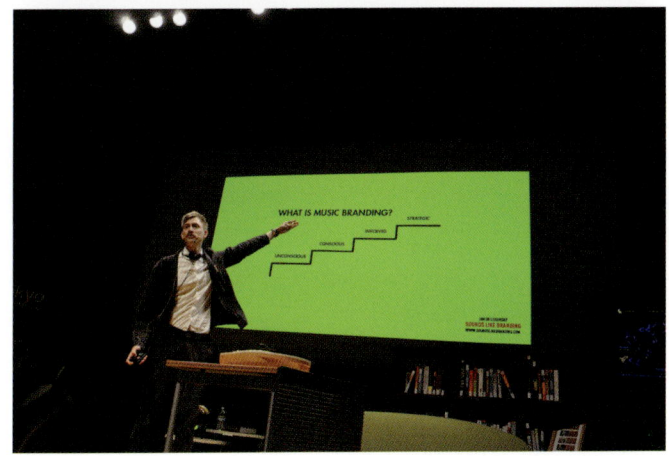

TEDxTokyoでエネルギッシュなプレゼンテーションを展開するブランド・コミュニケーションの専門家、ジェイコブ・ルーセンスキー。ステージを動き回りながら自然なアイコンタクトを交わし、聴衆の心を引き付けている。（写真提供：パトリック・ニューウェル）

第3章　聴衆と心を通わせるための3つのポイント──「パンチ」、「存在感」、「プレゼンターの印象」　85

声に力を込める

　確かに最上のプレゼンテーションは、楽しい会話に似ている。しかし、2〜3人の人々とコーヒーを飲みながら話すのと、昼食の後に500人収容のホールでプレゼンテーションを行うのとでは、大きな違いがある。プレゼンテーションの場合、口調は会話的にすべきだが、普段の会話よりもテンションを数段上げなければならない。話し手に情熱があれば、自ずと声にも力がこもるものだ。ぼそぼそと喋るのは論外である。だからといって、むやみに大声を出す必要はない。ずっと大声で叫び続けるのは無理があるし、聴衆にとっても不愉快だ。大声を張り上げれば、音量は上がるかもしれない。だが、話し手の声の魅力や、独特のイントネーションは失われてしまう。堂々と胸を張り、はっきりした声で話すのはいい。しかし、言い分を主張するうちに、つい大声を張り上げることのないように気をつけよう。

　マイクは使うべきだろうか？　収容人数が10〜30人の、通常の教室や会議室であれば、マイクは必要ないかもしれない。それ以外のほとんどのケースでは、マイクを使った方が賢明だろう。忘れないでほしい——重要なのはプレゼンターではなく、聴衆の方なのだ。マイクを使って音量をほんの少し上げるだけで、聴衆はずいぶん話が聞き取りやすくなるはずである。

　多くのプレゼンターはマイクを避け、声を張り上げる方を選択する。特に男性は（マイクを断り、大声を出した方が、より男らしく、積極的だと言わんばかりに）そうすることが多い。しかし、ハーフタイムにチームに活を入れるフットボールの監督でもない限り、大声を張り上げることは、マイナスにしかならない。軍隊に向かって指示を飛ばすのとはわけが違うのだ。プレゼンターは聞き手と会話を交わすような自然な話し方を心がけるべきである。マイクによって聴衆との一体感が損なわれることは決してない。それはむしろ、より親密な雰囲気を演出してくれる。マイクを使うことで、プレゼンターの本来の魅力的な声を、最良の状態で届けることができるからだ。

　ハンドマイクを使うのは短時間のスピーチやアナウンスだけにしよう。よりお勧めなのはピンマイク（小型のワイヤレスマイク）である。ピンマイクのいいところは、両手が自由に使える点だ。片方の手でリモコンを持っている場合は、特にそれが重要になってくる。ピンマイクのマイナス面として、横を向いたときに（マイクによっては）音をよく拾わな

くなることが挙げられる。最も優れているのは、ヘッドホン型のマイクである。TEDのような会議でもこの種のマイクが使われている。マイクの小さな先端部分は、口の真横や頬の辺りに位置しており、聴衆からはほとんど見えない。こうしたマイクの長所は（衣擦れの音を拾う心配がなくなることに加えて）どんなに頭を動かしても、マイクは同じ位置にあり、はっきり声を拾ってくれることにある。可能な限り、ヘッドホン型のマイクを使うようにしよう。

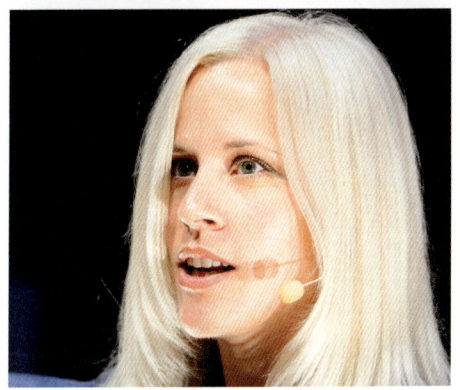

ピューリッツァー賞を受賞したフォトジャーナリスト、レネ・バイヤー（上）と、著名な栄養学者シェリー・ストロング（下）。両者はワイヤレスのヘッドホン型マイクを使用している。こうしたマイクを使えば、自分の声を鮮明に伝えられるだけでなく、両手を自由に使うことができる。
（写真提供：TEDxTokyo、パトリック・ニューウェル）

照明はつけたままにする

　聴衆と心を通わせるためには、話し手の姿がはっきり見えるようにする必要がある。「裸のプレゼンター」は決して暗闇に隠れたりしない。話し手の目の動きを見たり、表情を読んだりできた方が、聴衆はメッセージを理解しやすくなる。彼らは言語的要素（話し手の言葉）、音声的要素（話し手の声）、視覚的要素（話し手のボディランゲージ）に基づいてメッセージを解釈している。非言語的なシグナルはメッセージの重要な一部である。もしプレゼンターの姿が見えなかったら（たとえスライドがよく見えたとしても）メッセージの醍醐味の多くは失われてしまうだろう。

　明かりを消してスライドを見やすくしたい気持ちもわかる。だが、プレゼンターに光を当て続けることの方が優先事項である。多くの場合、一部の照明のみを落とすことで妥協できる。今日のプロジェクターの進歩を考えれば、会議室や講堂では、通常、全ての（あるいはほとんどの）明かりをつけたままでもかまわない。大規模なホールでは、照明設備が充実している場合が多く、プレゼンターだけに照明を当て、スクリーンの周囲を暗くすることも可能だ。会場の状況がどうであれ、プレゼンターには必ず十分な照明が当たるようにしよう。話し手の姿が見えなければ、聴衆との一体感を確立するのは不可能だ。

自信を得る

　大多数の人々にとって——プロのエンターテイナーでさえ——人前で話すのは恐ろしいものだ。なぜか？　二つの可能性が考えられる。一つは、大脳辺縁系に由来する本能的な恐怖である。それは長年にわたって発達してきた、ごく自然な感情だ。我々の脳は生命維持を至上目的としている。大脳辺縁系は、常に報酬を最大限に高め、脅威を最小限に抑えるよう最善を尽くしているのだ。進化という視点から見れば、脅威を素早く察知し、それを回避することに長けている人間の方が、生き残りには向いている。集団の格好の餌食になりかねない状況で、人よりも目立ったことをしたり、全ての視線を一身に浴びたりするのは、（少なくとも大脳辺縁系の視点からすれば）間違いなく危険な事態だと見なされるだろう。

一方、小さな子供は「ショー・アンド・テル」などの機会があれば、大喜びでみんなの前に出て、話を聞いてもらおうとする。あるいは人前で話すことへの恐怖は、長年にわたって苦い経験（多感な思春期に、自分の考えを批判されたり、見た目をからかわれたりすること）を重ねるうちに身についたものなのかもしれない。こうした記憶はいつまでも消えず、むしろ時とともに強まっていく。やがて我々は、「人前に立つこと」と「ネガティブな感情」を結び付けて考えるようになる。人前で話すことへの恐れの根底には、（人類の進化に関わる本能的な恐怖に加えて）こうした意識が存在しているに違いない。

　人前に立つことへの恐怖が、本能的なものであれ、後天的なものであれ（あるいはその両方であれ）、「スピーチという脅威」が察知されると同時に、視床下部から副腎へ信号が送られ、体中にアドレナリンが放出される。スピーチの前にパニックになったり、逃げ出したくなったりするのはこのせいだ（これらは「闘争・逃走反応」とも呼ばれる）。こうした感情は不快極まりないものだが、さらに悪いことに、大脳辺縁系がここまで活性化すると、前頭前野の活動が一時的に低下し、集中力や問題解決能力、素早い決断力といった能力にも支障をきたしてしまうのである。

恐怖心をコントロールする

　前述したように、プレゼンターは聴衆に向かって緊張していることを告白するべきではない。しかし、自分の心理状態を意識し、「心の中で」それを素直に認めることは、恐怖心をコントロールするのに役立つ。感情を抑えようとしてはならない。たいていの場合、それは事態を悪化させるだけである。著書『Your Brain at Work』（HarperBusiness）において、デヴィッド・ロックは恐怖心を和らげるための二つの認知方略を紹介している。一つは「ラベリング」（感情に名前を与えることによって、それを認識する方法）である。この単純なテクニックは、決して万能薬とは言えないが、人々を襲うネガティブな感情を和らげる効果があることがわかっている。感情をコントロールするためのもう一つの方法は「認知的再評価」だ。自分の感情を改めて見直すことで、新たな視点を獲得し、その解釈を修正できるようになる。ネガティブな感情に押しつぶされて、パフォーマンスを低下させるより、むしろ、恐怖心を自覚した時点で、次のような言葉を自分に言い聞かせてみよう。「やれやれ、例の『闘争・逃走反応』が始まったみたいだな。当たり前のことだから、気にするなよ。

誰でもこうなるんだ。とりあえず、深呼吸やストレッチでもして、体をリラックスさせようじゃないか。大丈夫、どうってことないさ！」

　不安を大幅に軽減させるもう一つの方法は、ひたすら準備を重ねることだ。コンテンツを熟知すればするほど、緊張は和らいでいく。時間をかけてプレゼンテーションの論理構造を築き上げ、それを支える適切でプロフェッショナルなコンテンツを作り出すことができれば、不安材料はぐっと少なくなる。（スライドウェアを使う場合）コンピューターとプロジェクターを使って数回リハーサルを行うことで、不安はさらにコントロールしやすいものになるだろう。我々は未知のものを恐れる。コンテンツをしっかり把握し、全体を通してリハーサルを行い、次にどのスライドが来るか、どんな質問をされるか予測できていれば、未知の要素の大部分（全てではない）を取り除くことができる。未知の要素がなくなれば、不安は軽減され、自信がそれに取って代わるようになるはずだ。

　練習を重ねることで、自信はますます深まり、気持ちがリラックスしてくる。そうすれば、プレゼンターはありのままの自分の魅力を発揮できるようになる。頭の中の余計な声や、自己不信、テクニックへのこだわり、成否への不安を拭い去ることができれば、物語を語ることだけに集中し、コンテンツや聴衆としっかり向き合うことができる。結局のところ、これは単なるプレゼンテーションであり、現時点でのベストを尽くす以外に方法はないのだ。あなたも聴衆もただの人間に過ぎないのだから。

大勢の人々の前に立つことは、誰にとっても恐ろしいものだ。不安を素直に認めることは、緊張を和らげるのに役立つ。写真はTEDxTokyoでスピーチするベストセラー作家バリー・アイスラー。聴衆のそばに歩み寄り、「裸のプレゼンテーション」を展開している。
（写真提供：パトリック・ニューウェル）

レス・ポーゼン

レス・ポーゼンはオーストラリアのメルボルンで開業する臨床心理学者である。彼は持ち前の脳科学の知識を使って、人々が最高のプレゼンテーションを実現できるように手を貸している。
http://lesposen.wordpress.com

スピーチへの恐怖を和らげる

　あなたはすでに最新のプレゼンテーションのルールに従ってスライドを作成し、素晴らしいコンテンツを用意し、会議の主催者にメールで略歴を知らせてある。最高のプレゼンテーションの準備は整った。ところが、タイミングをチェックするための「通しリハーサル」に取りかかろうとすると、みぞおちの辺りにおなじみの感覚が蘇ってくる。「ああ、またか」あなたはそうつぶやく。スピーチを扱った一般書やウェブサイトには「人はスピーチを死よりも恐れている」という統計データが繰り返し登場する。怖いのは自分だけではない――それがわかれば、少しは気が休まるかしれない。だが、結局のところ、こうしたデータに意味はない。これはあなた自身の問題であり、自分で出来る対処法があるはずだ。まずは恐怖というものを脳科学的に説明してみよう。

　約6万年前から、我々の脳は、周囲の脅威に対する卓越した防御システムを発達させてきた。こうした防御システムの中には、無意識のうちに自動的に働くタイプもある。例えば、フロントガラスに虫がぶつかったとき（車に守られていることを知っていながら）思わず瞬きをしてしまう場合がこれにあたる。もう一つの防御システムとして、意思決定や計画などをつかさどる、進化上の「新しい脳」――人間らしい理性を生み出している部分――が、来るべき脅威について警告を発してくることがある。プレゼンテーションの場合、聴衆の心をつかめないのではないか、自分の考えが受け入れられないのではないか、あるいは、500人の視線の前で頭が真っ白になってしまうのではないかという恐怖がこれにあたる。人間は昔から「多くの人々の注視が意味すること」について恐れを抱いている――なぜ人々は私を見つめているのだろう？　私が君主だから？　それとも、次の生け贄だから！？　科学的根拠に基づいた

研究と実践を通じて、臨床心理学者やパフォーマンス心理学者たちは、我々の心に深く刻み込まれたこうした恐怖を和らげる方法を見出してきた（これらの方法は、きっかけさえあればもっと力を発揮できるとわかっているときに特に有効である）。

ここでは5つの処方箋を紹介したいと思う。

1．課題を小分けにし、少しずつ慣れていく。

プレゼンテーションにおける課題を特定し、それらを小分けして、取り組みやすいものにしよう。次に、そうした課題に少しずつ自分を慣らしていこう。

2．リハーサルを行う。

スライドのタイミングを確認するだけでなく、実際にスライドを表示しながら、声を出してスピーチの練習をしよう。大勢の人々の前に立っている場面を思い浮かべ、（好意的・否定的な）さまざまな聴衆のリアクションを想定しながら、プレゼンテーションのリハーサルを行うといい。

3．自分に語りかける。

「自分はきっとへまをやらかすだろう。スライドウェアの調子が悪かったらどうしよう？誰もジョークに笑ってくれなかったら？」こうした自己批判的な独り言は、恐怖をかき立てるだけだ。あなたがやるべきことは、そんな言葉で不安を煽ることではない。「大丈夫、うまくいくさ。リハーサル通りにやればいいんだ。どうってことないよ」──そう自分に語りかけてみよう。

4．腹式呼吸で不安をコントロールする。

長めに息を吐きながら、意識的にゆっくり呼吸することで、脳の不安中枢を鎮めよう。（深呼吸というよりも）ゆっくりしたリズムが、不安のコントロールに役立ってくれる。

5．入念な練習を行う。

冒頭部分をチェックし、難しいコンセプトを特定しよう。あとは、ひたすら練習あるのみである（必ず声に出して行うこと）。入念な練習は確実に不安を和らげてくれる。私自身も（時にはクライアントと共に）この方法を実践している。その効果は絶大であり、プレゼンテーション以外の場面でも大いに役立つはずだ。

怠惰は不安や疑いを生み、行動は自信と勇気を生む。
不安を克服したいなら、
家にこもってくよくよ考えてはいけない。
外へ出て、忙しくするべきだ。

―― デール・カーネギー

まとめ

- パンチの効いた「つかみ」で、いきなり聴衆を引き込む方法はたくさんある。スピーチを切り出すポイントとして定評のある5項目——「個人的（Personal）」、「予想外（Unexpected）」、「斬新（Novel）」、「挑発的（Challenging）」、「ユーモラス（Humorous）」——の頭文字を並べると、好都合なことに「PUNCH」という言葉になる。

- 「今」「ここ」に集中しているプレゼンターは、会話上手な人と同様に、人々と心を通わせることができる。こうしたプレゼンターは、少なくとも今だけは決してその場を離れず、人々と語りあうつもりであることを、誠意を持って示そうとする。

- （スピーチの内容に加えて）自分の人物像を聴衆に伝える能力を評価するにあたって、考慮すべき要素が3つある。それは「外見」、「動き方」、「声の調子」である。

啓発とは、多くの知識を
列挙することだけにはとどまらない。

―― ニール・ドグラース・タイソン

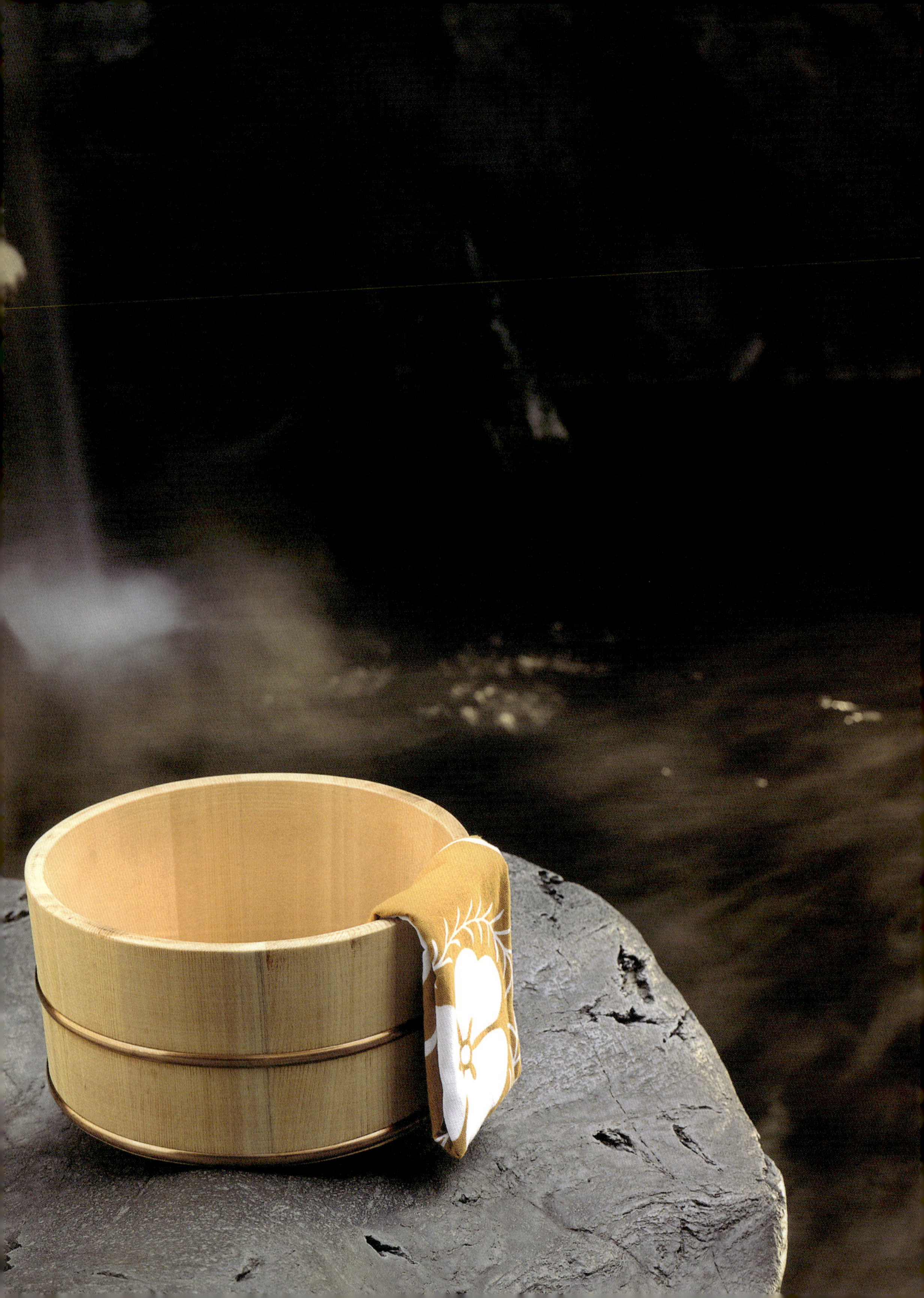

4

「情熱」、「近接」、「遊び心」によって聴衆の心をつかむ

　誰かが舞台に立って情報を読み上げ、他の人々は黙ってそれを聞き、ノートを取る——これが従来の一般的なプレゼンテーションスタイルだ。だがこのやり方は、聴衆を啓発し、刺激を与え、奮い立たせる方法としては効果が薄い。情報を伝えることが唯一の目標ならば、資料を配って、プレゼンテーションをキャンセルした方がましである。忘れないでほしい——重要なのは、プレゼンテーションを終えたとき、聴衆が（ほんのわずかであれ）「変化」していることなのだ。プレゼンターは人々の知識や、行動、問題意識を改めさせなければならない。聴衆ときちんと向き合わない限り、それを果たすことは不可能だ。触れ合いがなければ、変化は生じない。さらに、真に触れ合うためには、プレゼンターと聴衆が互いに感情移入できていなければならない——そして、こうした触れ合いのきっかけを作り出す責任は、主にプレゼンターの側にある。本章では、今日のプレゼンテーションに必要な「裸の触れ合い」を生み出すための3つの要素——「情熱」、「近接」、「遊び心」を考察していこうと思う。

情熱を見せる

　日本語の「情熱」という言葉は「情」(feeling)と「熱」(heat)という二つの漢字から成り立っている。各言語や文化によってその語源は異なれども、「情熱」というものについて考えるとき、真っ先に思い浮かぶのは愛にまつわる強い感情や欲求である——それは他者への愛かもしれない。あるいは音楽、芸術、教育といった天職や、個人的な人生の関心事に対する、深い愛情や、強い傾倒かもしれない。情熱の定義は「熱意や快活さといった関連要素を伴った強い感情」である。感情自体はもちろん悪いものではない。とはいえ、我々は「人生で成功を収めるためには、感情をコントロールすべきだ」と教えられてきた。そうしたアドバイスの多くは適切である。なぜなら、感情をコントロールする能力と、学業、仕事、人生一般における成功との間には、強い相関関係があるからだ。

　プレゼンテーションに関して言えば、問題は感情を出し過ぎることではなく、それを全く押し殺してしまうことにある。今日の退屈なプレゼンテーションに最も欠けているのは、情熱や意欲といった感情である。スピーチコンサルタントで『First Aid for Meetings』(Bookpartners)の著者であるチャーリー・ホーキンスは、sideroad.comに寄稿した文章において、以下のように情熱の必要性を強調している。

> シカゴ大学で11年にわたって何百人ものMBA志望者を指導するうちに、私はあることに気付いた——それは、素晴らしいプレゼンターと並みのプレゼンターを分けるのは「情熱」だということだ。トピックに関する情熱を思い切ってぶつけてきた人々のプレゼンテーションは、常に最も大きな効果を上げていた。なぜか？　情熱を露わにすることによって、聴衆と心を通わせることができたからだ。単にデータを分析するだけのプレゼンテーションでは、こうした現象は決して起こらないだろう。
> 　　　　　　　　——チャーリー・ホーキンス

　プレゼンターがトピックに対する情熱を全く持ち合わせていなかったり、聴衆とアイデアを分かち合うことにまるで無関心だったりするケースもあるだろう。しかし、多くの場合、話し手から情熱が感じられない理由は、彼が本当の気持ちや、トピックへの思

い入れをさらけ出すことをためらっているからである。情熱——本当の自分の一部——をあからさまにすることは危険を伴う。単に情報を提示する方がずっと気楽だ。だが（仮に人々が耳を傾けてくれたとしても）ただ情報を列挙することに、何らかの付加価値があると言えるのだろうか？

なぜ情熱を表すことを恐れるのか？

　熱弁をふるう人々——前向きな精神や意欲に満ちた雄弁な人々は、単なるこけおどしだと非難されることが多い。「感情なんて込めなくてもいい。大切なのは、中身とデータだ」。皮肉なことに、中身が全てで、感情だの（まして）情熱だのは「真面目なプレゼンテーション」には似合わないと主張する人に限って、感情表現や人を引き付ける話し方の重要性を、きわめて「情熱的に」否定してくるのである。私はそれを知っている。なぜなら、実際に何度もそういった人々に出会ったからだ。大切なのはあくまでも情報のクオリティや構成であって、巧みな話術やプレゼンターの個性は（シンプルでわかりやすいビジュアルデザインと同様に）必要ではない、というのが、彼らの主張である。

　こうした人々が見落としている点がある——「巧みな話術、感情表現、情熱的な触れ合いが全てであり、それだけで事足りる」とは誰も言っていないということだ。我々はただ、それが「必要」だと（欠けている場合が多すぎると）言っているだけである。しっかりしたコンテンツも必要なのは言うまでもない。しかし、リーダーシップやコミュニケーション、インパクトのあるプレゼンテーションといった観点で考えると、それだけでは足りない場合がほとんどだ。社会運動の先頭に立ち、世の中を変えたいなら、あるいはメッセージを人々に伝え、それを心に刻んでもらいたいなら、情熱を見せつける心構えがなければ始まらない。弁舌さわやかでなくても、すらりとした美男子でなくてもかまわない。しかし、聴衆を引き込み、刺激し、奮い立たせることは必須条件である。それこそがリーダーの役割であり、裸のプレゼンターの任務なのだ。

情熱は天才を生み出す源である。

―― アンソニー・ロビンズ

パフォーマーからインスピレーションを得る

　つい先日、情熱がコミュニケーションに与える影響の大きさを、意外なものから思い知らされることになった——それは伝説的なバンド、アース・ウィンド＆ファイアーの日本公演だった。我々は最前列中央の席（ただし公演中は一度も座らなかった）にいたので、その情熱的なミュージシャンの姿を存分に観察することができた——マイクを握ることなしに、これほどの情熱を表現できるパフォーマーを、私は今までに見たことがなかった。彼の名前を聞いたことのない読者も多いだろう。そのミュージシャンの名前はヴァーダイン・ホワイト——アース・ウィンド＆ファイアーのベーシストで、兄のモーリス・ホワイトによって結成された同バンドのオリジナルメンバーである。

　ヴァーダイン・ホワイトはとてつもないミュージシャンだ。彼の小指には、私の身体全部を合わせても足りないほどの「ファンク」や「ソウル」が詰まっている。彼はアース・ウィンド＆ファイアーのサウンドに絶対不可欠な存在である。その夜ホワイトが教えてくれたのは、本物の情熱を素直にさらけ出すことには、信じ難いほどの威力があるということだった。ホワイトは単にベースを演奏するだけではなく、楽器(アックス)を体の延長のように自在に操ることによって、聴衆とコミュニケーションを図り、心を通わせようとする。そして常に軽快に飛び跳ねながら、ステージ中を駆け回り、こちらまでつい微笑んでしまうような、最高の笑顔を振りまくのだ（こんなに楽しそうに演奏する人間なんて見たことがない！）。ちなみに、当年とって55歳である。何というパワーだろう！

　彼らはミュージシャンであり、アーティストだ。しかし、ステージ上の彼らは、ストーリーテラーであり、ある種のプレゼンターでもある。優れたプレゼンテーションと同様に、彼らのパフォーマンスは、素晴らしいコンテンツ、インパクトのあるビジュアル、聴衆との人間的な触れ合いを、見事に融合させたものである。ホワイトのパフォーマンスが持っていた資質——プレゼンテーションに不可欠なもの——それは（1）情熱、（2）エネルギー、（3）誠意、（4）笑顔、（5）「今」「ここ」に完全に集中していること、の5つである。今までにこれらの5つを全て備えたプレゼンターに何回出会ったことがあるだろうか？

　人間はきわめて社会的な動物であり、他者と行動を共にするように生まれついている。我々は言語や文化を作り出し、共に働き、踊り、音楽を演奏する。そもそも、人々はなぜお金を払ってコンサートを見に来るのだろうか？　音楽を聴くためだ——誰もがそう答え

るだろう。だが、わざわざそんなことをしなくても、家でCDを聴けば、同じ音楽を（よりよい音質で）楽しめるはずだ。人々がこれほどライブに心を惹かれるのは、ミュージシャンの表情や体の動きをじかに眺め、彼らの気持ちをひしひしと感じることによって、より豊かな体験を味わうことができるからである。演奏者の情熱が肌で感じられるとき、それはさらに濃密で、忘れられない体験になる。

　R&Bやソウルのパフォーマンスと、ビジネス・プレゼンテーションは別物だ——そう言う人もいるだろう。だが、真摯なパフォーマンスという意味で、両者は本質的に共通している。デール・カーネギーは『話し方入門』（創元社）の中で同様の発言をしている。「スピーチに全身全霊を傾けよう。本物の誠意は、あらゆるルールより役に立つ」。カーネギーはまた、情熱的に語りかけることの重要性を強調する。「情熱は人を引き付ける。秋の小麦畑にガチョウが群がるように、人々は情熱的なスピーカーの周りに集まってくる」。さらにカーネギーは、心からの笑顔を見せることや、聴衆への関心を示すことの大切さについてこう語っている。「『魚心あれば水心』である。我々が聴衆に興味を持てば、むこうも我々に興味を持ってくれる」。

情熱的なパフォーマーが人を引き付けるように、熱意に満ちたプレゼンターは自ずと人の心を魅了する。

「興味を引き付ける」のではなく、「興味を抱く」

　仮にプレゼンターが聴衆に思いを馳せたとしても、それは「自分はつまらない人間だと思われていないだろうか？」といった不安であることが多い。しかし、問題は聞き手の興味を引き付けることではなく、むしろ自分の興味の度合いをアピールできるかどうかにある。自分の仕事やトピック、そして「聞き手」に対して深い興味を抱いているプレゼンターは、人々の心を魅了する。また、自分の情熱や関心をわかりやすい形で聴衆と分かち合おうとするプレゼンターに対して、我々は好感を抱く。トピックに深く純粋な興味を抱いている人間は、身をもって情熱を示そうとする。我々が聞きたいのはそういった人々の話である。表面的な面白さを追求することなら誰にでもできる。だが、何かに対して深い関心を抱いている人々の話は、聴衆を引き込み、もっと知りたいという気分にさせてくれる。その関心が自分たちに向けられているとわかったとき、聴衆はますます話し手に魅了されていく。

　なぜ、どのようにしてそのトピックに興味を持つにいたったか——なぜ聴衆にも興味を持ってもらう必要があるのか——それを知らせる作業は、ごく自然に行われるべきである。人々は話し手の情熱が本物であることを見抜いている。それは（声量を上げる、キーワードを強調する、ボディランゲージを強調するといった）テクニックのみに頼って、情熱を表現したり、他のプレゼンターとの差別化を図ったりすることとは、次元の違う話だ。トピックへの関心や、それに付随する情熱は、ごまかしが効かない。問題は「どうやったら聴衆に面白がってもらえるか」ではなく、「なぜこのトピックが重要なのか」「なぜそれが聴衆にとって大きな意味を持つのか」をいかに示すかなのだ。

感情に訴える

　好むと好まざるとに関わらず、人間は感情的な生き物だ。プレゼンテーションに論理は欠かせないが、それだけで事足りるケースはまれである。プレゼンターは「右脳」にも働きかけなければならない。感情に訴えることは、不可欠な要素であるにも関わらず、しばしば見過ごされている。『Why Business People Speak Like Idiots』(Free Press)の著者たちは次のように語る。

>　ビジネスの世界では、我々の行動は常に左脳に支配されている。人々は激しい議論を戦わせ、データ、数字、経年的なグラフ、論理等によって、聴衆をねじ伏せようとする。残念ながら、データの集中砲火を浴びせることは、マイナスに働く場合が多い。「プレゼンターのデータ」VS「聞き手の経験、感情、知覚フィルター」という勝負は、フェアな戦いとは言えない——負けるのは常にデータの方だ。
>
>　　　　　——ブライアン・フジェール、チェルシー・ハーダウェイ、
>　　　　　　　　　　　　　　　　　　　　ジョン・ウォシャウスキー

　我々プレゼンターは、人々の発想を転換させ、新しい行動を促すという困難な仕事を抱えている。人々は自らの生々しい体験を必要以上に重視しがちであり、自分の考えに反する新しい情報に耳を貸さなかったり、懐疑的な姿勢を示したりする傾向がある。

　ハワイ大学のリチャード・ブリスリン教授は、著書『Understanding Culture's Influence on Behavior』(Wadsworh Publishing)で、これと同様の現象を取り上げている。ブリスリン博士は、確たる証拠が存在するにも関わらず、人々が懐疑的な反応を見せる理由を考察していく。例えば、信頼のおける複数の雑誌で「シアトルは、若きグラフィック・デザイナーが高収入の仕事を見つけるのに最適な場所だ」という記事をたくさん読んだとする。あなたはこうしたデータを頼りにして、色々な会社とコンタクトを取り、履歴書を送り、シアトル地区の住宅情報を調べ始める。その後、友人のリサにシアトルへの移住を考えていることを告げると、彼女はにわかに激昂してこう叫ぶ。「何ですって？　うちの弟はカリフォルニア大のデザイン学部を出て、もう一年以上シアトルにいるけど、いまだにフルタイム

の仕事が見つからないのよ！」リサは弟のシアトルでの悲惨な体験について語る。こうして「友人の証言」VS「文書化された詳細な情報」という対決が生まれる。あなたならどちらを選ぶだろうか？　ブリスリンは、社会的認知に関する初期研究を引用しながら、おそらく友人の証言の方が高い説得力を持つだろうと述べている。雑誌で就職に関する記事を読むことに比べて、身近な友人の意見はより生々しく感情に訴えてくるからだ。さらに、弟に関する「個人的な物語」を語ることによって、その情報はますます印象深いものになってくる。

　実際、プレゼンターの抱えている仕事はかなり困難だ。聴衆は自らの感情、経験、先入観、知覚フィルターを持ち出して勝負をしかけてくる。データや情報だけではとても太刀打ちできない。(どんなに説得力があり、信頼できるデータであっても)「データ自体が全てを物語ってくれる」という勘違いは禁物である。たとえ最高の商品や、信頼のおける研究を引っさげて登場したとしても、退屈で淡々とした「パワーポイントによる死」的な居眠り大会を繰り広げていては、勝ち目はない。優れたプレゼンターは、左脳（論理）と右脳（感情）の両方、つまり、脳全体(ホールマインド)に働きかけようとするものだ。

聴衆は一人一人違う個性を持っている。なかには目立って懐疑的な人々もいるだろう。いずれにせよ、優れたプレゼンテーションは彼らの論理と感情の両面に訴えるものでなければならない。

第４章　「情熱」、「近接」、「遊び心」によって聴衆の心をつかむ　　107

感情と記憶

　意外なエピソード、驚くべきデータ、感動的な写真などによって、聴衆の感情を喚起することができれば、メッセージが記憶に残りやすくなる。プレゼンテーション中に感情を揺さぶられる体験をすると、大脳辺縁系の扁桃体から信号が送られ、ドーパミンが放出される。このドーパミンは、ジョン・メディナ博士いわく「記憶や情報処理を大いに促進してくれる」。

　テレビCMはこうした感情へのアピールを巧みに利用している。さまざまな感情を喚起することで、大きなインパクトを与え、メッセージを刻みつける60秒スポットの好例として、数々の賞に輝いたAppleのCM『1984』が挙げられる。テレビ広告史上、最高傑作との呼び声も高いこのCMは、第18回スーパーボウルの中継の間に放映されたものであり、その目的は、初代Macintoshの発売を告知することだった。『1984』は、新型コンピューターのメリットを論理的に訴えるのではなく、世界を全体主義の悪夢から救おうとするヒロインを前面に押し出している。ずらりと並んだ、生気のない信奉者たちの前で、巨大スクリーンに映し出されたジョージ・オーウェル式の「ビッグ・ブラザー」が語りかけている。そこへ現れたヒロインの女性アスリートは、駆け寄る警備員をものともせず、信奉者たちの頭越しに、大型のハンマーを投げつける。ハンマーはスクリーンに命中し、大爆発を引き起こす。紺色やグレーを基調とした殺風景な舞台装置は、ヒロインの真っ赤なランニングパンツや、Macintoshの絵をさりげなくあしらった純白のタンクトップと著しい対照をなしている。この60秒のCMは、はっきりしたコントラストや対立を描いており、同時に、セックスアピール、恐怖、驚きといったさまざまな感情に満ちている。

　読者のおかれている状況は、60秒の広告を作ることからは縁遠いかもしれない。しかし、そこには何か学ぶべきことがあるはずだ。例えば、自分にこう問いかけてみよう。「自分が本当に売り込みたいことは何か？」それは製品そのものでもなければ、その機能でもない。プレゼンターが真に売り込むべきなのは、その製品がもたらす「体験」や、それにまつわるあらゆる「感情」である。生き生きとした物語やエピソードを使って、聴衆の感情を喚起しよう。

感情には伝染力がある

　2〜3年前にデンマークへ出張したとき、私は友人と共にコペンハーゲンのチボリ公園で数時間を過ごした。1843年に建てられたこの有名な遊園地は、ウォルト・ディズニーがディズニーランドを作るきっかけになったと言われている。チボリ公園にいる間に、私は誰もが知っているはずなのに、普段は忘れがちなあることを、改めて思い知らされた——それは、感情には伝染力があり、我々の感情表現は（しばしば無意識のうちに）周りの人々に影響を及ぼしているという事実だった。私と友人はスリル満点の「絶叫マシーン」の真下で、人々の金切り声（大半は歓声だが、おそらくは多少の悲鳴が混じったもの）を聴きながら、数分間を過ごした。地上にいる人はみな、乗客がアトラクションを満喫している様子を眺めて楽しんでいた

コペンハーゲン・チボリ公園のアトラクション

第4章　「情熱」、「近接」、「遊び心」によって聴衆の心をつかむ　109

その一帯は驚くほど楽しい雰囲気に包まれていた。ただそこに座って、見知らぬ人々の浮き浮きした表情や笑顔を見ているだけで、何分も過ごせそうなほどだった。私の隣に座っていたおばあさんは、十代の孫娘を眺めることにすっかり夢中で、乗り物が猛スピードで頭上を通過するたびに、彼女の金切り声に大喜びしていた。おばあさんは満足し切っているように見えた。私もまたそうだった。注目すべきなのは、私は絶叫マシーンのスリルを実際には味わってはいないのに、人々のはしゃぐ様子を見ただけで、すっかり楽しい気持ちになったという点だ。高揚した気分は確実に人から人へと伝染し、そこにいる全員に広がっていた。そのコペンハーゲンの晴れた午後に我々が経験したものは、「情動伝染」（他者が経験している情動を感じ取り、彼らの気分や表情を模倣しようとする傾向）の一種だったのだ。

ミラー・ニューロン

　この10年の間に、研究者たちは、イタリアのパルマ大学における初期の調査に基づき、「ミラー・ニューロン」と呼ばれるものについての見識を深めてきた。ミラー・ニューロンとは、自分が何かをするときと、他人がそれを行うのを見るときの、どちらの場合にも活動電位を発生させる神経細胞である。つまり、他人の行動を見ているとき、その人の脳内では、自分も同じ行動をとっているような反応が起きているのだ。スポーツ観戦が人々の心をつかんで離さない理由はここにあるのかもしれない。我々はある意味、アスリートと同じ感覚を味わっていることになる。もちろん、見ることと、実際にそれをやることの間には大きな隔たりがある。しかし、脳の働きに関して言えば、両者はかなり似通っている。人は他人の行動からものを学ぶ（時には他人の悪癖まで学んでしまう）。ミラー・ニューロンは、行動を見るときにも、実際にそれを行うときにも、同じように発火する。従って、ある動作を模倣する前に、ミラー・ニューロンはすでに脳内でその動作を再現しているのである。
　人間の脳は他人の動作を模倣するのが得意だ。同様に重要なのは、それが他人の気持ちを感じ取ることに非常に長けているという事実である。ミラー・ニューロンは共感にも関与している可能性がある。それは生きのびる上できわめて重要な能力だ。研究によれば、

他人がある感情を体験している様子を見ただけで、自分がその感情を味わったときと同じ脳の部位が活性化するのだという。他人が情熱、喜び、不安などを示しているのを見たとき、ミラー・ニューロンから大脳辺縁系（感情をつかさどっている領域）にメッセージが送られる——というのが、専門家の見解である。言い換えれば、人間の脳には、他人に乗り移ること——彼らの身になって、同じ感情を味わうこと——に関与している部位が存在しているのだ。

　我々の脳が他人の行動や感情によって活性化されるとしたら、それは大勢の前で行うプレゼンテーションの方法に、どんな示唆を与えてくれるだろうか？　人間が他人と同じ感情を味わうようにできているのなら、プレゼンターが退屈そうに話すのを聴いて、聴衆もまた退屈に感じるのは無理もない（仮にコンテンツが有益だったとしても、である）。あるいは、ひたすら口だけを動かしている直立不動のプレゼンターを見て、こちらまで窮屈に感じ、肩が凝ってくるのは当然のことだ。

　人は「見ること」、そして「行動すること」によって学ぶだけでなく、他人と感情を共有することによって学ぼうとする。他者に感情移入し、相手の身になって考えれば、彼らとの一体感が生まれてくる。こうした一体感には、理解や学習を促進する働きがある。しかし今日、講義形式の堅苦しいプレゼンテーションの多くは、ボディランゲージや感情表現といった視覚的要素を排除している。感情を生き生きと自然に表現することは、聴衆の共感を無意識のうちに促し、スピーチの質を高めてくれる。例えば、スピーカーが情熱を露わにした場合、それが本物の情熱であることが伝われば、大半の人々は（程度の差はあれ）同じような情熱をもって応えてくれるはずだ。

　メッセージの内容が重要なのは言うまでもない。しかし、人々はプレゼンターの心理状態に関するあらゆるシグナルをひそかに感じ取っている。世界一のビジュアルを駆使し、世界一のコンテンツを用意したとしても、我々の感情——それが他者の気持ちに及ぼす影響——が原因で台無しになる場合がある。私は今年になって、技術系プレゼンテーションの失敗例をいくつか目撃した。その原因は、コンテンツが不適切でまとまりを欠いていたせいではなく、緊張や経験不足のために、プレゼンターの話しぶりが、興味深い研究結果の発表というより、陰鬱な追悼演説のようになってしまったせいだった。トピックが何で

あれ、一本調子の淡々としたスピーチが 10 〜 15 分も続くと、プレゼンターの話に耳を傾け続けるのはかなり難しくなる。ストーリーやデータは確かに重要である。しかし、プレゼンターから伝わってくる本物の感情は、（良かれ悪しかれ）最終的に聞き手の心に刻まれるメッセージを、大きく左右する力を持っている。

笑顔の力

　大半のトピックにおいて、心からの笑顔は、聞き手を引き込むのに大いに役立つ。本物の笑顔には、聴衆と心を通わせる力がある——先日の夜、大阪で、私は改めてそれを思い知らされた。私はその人物の笑顔に心を打たれた。他の聴衆も（意識するしないに関わらず）同様の感覚を抱いていた。私の心を動かしたのは、プレゼンターではなかった。それはあるパフォーマー——日本の伝説的なデュオ、DREAMS COME TRUE のヴォーカリスト、吉田美和だった。彼女は同グループのフロントに立つ 46 歳の歌姫であり、素晴らしい歌声と広い声域を持ち、明らかにソウル、ファンク、ジャズから影響を受けたポップスターだ。音楽は別として、3 時間のコンサートで最も印象に残ったのは、吉田美和ともう一人のメンバー・中村正人の、こちらまで微笑みたくなるような笑顔だった。

　笑顔には伝染力がある。だが、それは無理やり作り出せるものではない。作り笑いを浮かべても、人々はそれが本物でないことをすぐに見抜いてしまう。実際、ある研究によれば、作り笑いを浮かべていると、聴衆から偽善的で信用できない人物だと思われることもあるという。

　『世界でひとつだけの幸せ：ポジティブ心理学が教えてくれる満ち足りた人生』（アスペクト）の著者であるマーティン・セリグマンは、微笑みは基本的に 2 種類に分けられると述べている——一つは「デュシェンヌスマイル」、もう一つは「パンアメリカンスマイル」である。「デュシェンヌスマイル」は本物の笑顔であり、口の周りと目の周りの筋肉が両方動くのが特徴だ。本物の笑顔は目の周りにしわができるかどうかで見分けることができる。「パンアメリカンスマイル」は作り笑いのことであり、口の周りの筋肉だけを故意に動かすものだ。ついてない一日を送っているサービス業の人々が、無理やり浮かべる愛想笑いがこれにあたる。人はみな作り笑いを見分けることができる。その場にいることを心から楽しんでいるように見える（そして実際に楽しんでいる）プレゼンターやエンターテイナーは、

聴衆の心を自然に引き付けることができる。本物の笑顔は、ここにいることが嬉しくて仕方がないという気持ちの表れだ。客席の人々はプレゼンターの気持ちをひしひしと感じている。ならば、自分がリラックスすることで、彼らをリラックスさせてあげるべきではないか？

プレゼンテーションであれ、パフォーマンスであれ、心からの笑顔は、本物の一体感を生み出すのに大いに役立ってくれる。

　科学者、医師、エンジニアなど、会議で専門的なプレゼンテーションを行う人々の中には、自然な笑顔の重要性を否定する人もいる。「笑顔、信頼関係、聴衆との触れ合いといった要素は、マーケティング担当者や一般的なプレゼンターには必要かもしれない。しかし、堅い仕事に就いている人間は、そんなふざけたスピーチをやるわけにはいかないんだ」。彼らはそう言いかねない。だが、笑顔は決してふざけたものではない。スライドを使おうが使うまいが、スピーチとは「視覚的」なものだ。プレゼンターは、人々の記憶に残るのは言葉だけだと思っているかもしれない。だが実際には、聴衆は自分が見たもの（話し手の表情も含めて）や感じたものの多くを心に刻んでいるのだ。

「近接」によって交流をはかる

　私は過去20年間、世界各地で授業やプレゼンテーションを行ってきた。その経験から学んだことが一つある。それは「聴衆をうまく引き付けられるかどうかは、スピーカーと聴衆の（あるいは聴衆同士の）物理的な距離に大きく左右される」ということだ。空間的条件は、非言語コミュニケーションや、他者との交流のあり方に、大きな影響を及ぼしている（しかし、この事実はしばしば見過ごされている）。そこで、聴衆の心をつかむ2番目の「P」は「近接（Proximity）」ということになる。この言葉は、エドワード・T・ホールによる「近接学」（人間の非言語コミュニケーションがいかに距離に左右されるかを探る学問）の研究からヒントを得たものだ。「近接学」が明らかにしたのは、パーソナルスペースや対人距離の変化が、人と人のコミュニケーションに影響を与えていること、および、そうした影響は、個人や文化によって異なるということだった。

たいていの教室には、コミュニケーションの障壁が備わっている。写真のフィンランドの学生は、コンピューターを正面に設置し、演台から離れて、聴衆やスクリーンの方へ歩み寄っている。

　確かにパーソナルスペースに対する考え方は、文化によって異なるかもしれない。しかし、「裸のプレゼンター」である以上は、できる限り聴衆に近づき、聴衆同士の距離を縮める努力をしなければならない。状況は毎回異なるだろうし、物理的な制約もあるだろう。だが

原則として（1）自分と聴衆の距離を縮める、（2）聴衆同士を互いに近づける（ただし、現場でのパーソナルスペースのとらえ方に配慮する）、（3）聴衆との（物理的・心理的な）距離を作り出すような障壁を取り除く、という3点を実行すべきである。例えば、堅苦しい言葉遣いをしたり、相手の知らない業界用語を連発したりすれば、聴衆は話し手との間に距離を感じてしまうかもしれない。マルチメディアなどのテクノロジーもまた、使い方を誤れば、距離感を生み出しかねない。こうした距離感は、物理的な距離がどれほど小さくても、聴衆との一体感を損なってしまう。

物陰に隠れず前に出よう

　フィル・コリンズはソロシンガーとして知られているが、元々はドラマーだった。ミュージシャンとしてのキャリアを重ねるにつれ、コリンズはドラムを叩きながらボーカルを取るようになった。やがて、彼はドラムセットの陰に隠れることなく、ステージの中央で堂々と歌い始めた。名ドラマーでもあるコリンズは、先日、EM's Performance Theater でパフォーマンスを行った際に、ドラムを叩きながらボーカルを取ることについて聞かれていた。彼の答えはこうだった。

> たいていの曲はボーカルが主体だ。そう、ドラムを叩きながら歌うのは物理的には可能だよ……だけど、みんなはミュージシャンの姿が見たいんだ。ドラムセットの陰に隠れたままでは、人々と心が通じ合わなくなってしまう。だから僕はステージの中央に立つことにしているんだ。
> 　　　　　　　　　　　　　　　　　　　　——フィル・コリンズ

　かつて、ジェネシスというバンドでプレイしていた頃、彼は、ドラムセットに隠れてボーカルを取ることは、自分にとっての「安全毛布（セキュリティ・ブランケット）」だったと語っていた。確かに、ドラムの向こうにいる限り、安全を脅かされる恐れはない。70年代、カーペンターズのカレン・カーペンターは、ドラムセットの陰から出てくることをひどくためらっていた。ステージの中央に立つのは恐ろしい。しかし、そこに立たなければ、真のコミュニケーションや一体感は生まれてこない。

物理的には、ドラムセットの向こうでボーカルを取ることは可能である——歌声も相変わらず素晴らしいかもしれない——しかし、聴衆との一体感についてはどうだろう？　同様に、演台からスピーチを行っても、あなたの声はほぼ変わらないだろうし、背後の（あるいは傍らの）マルチメディアの画像も同じに見えるかもしれない。しかし、聴衆との一体感は確実に薄れてしまう。演台は、大学の卒業式で行う15分間のスピーチにはふさわしいかもしれないが、それ以外のほとんどのケースでは、むしろ障壁になる。人々があなたのスピーチを聞き、あなたから学び、あなたの話に納得したり、刺激を受けたりするためにわざわざ足を運んでくれた場合、あらゆる手段を講じて、自分と聴衆の間にある（物理的・比喩的な）障壁を取り除くべきである。

写真のプレゼンテーションで、私は演台を取り払い、プロジェクターとコンピューターを部屋の中央の目立たない場所にまとめて置くことによって、聴衆の目の前から障壁を取り除いている

リモコンを使う

　自分の使っているマルチメディアが、単にスライドを一つずつ進めること（あるいは、アニメーションや動画の再生／停止を行うこと）以外の動作を必要としない場合、リモコンはできるだけ小さなものを使った方がいい（一定の順序に従って進んでいくプレゼンテーションであれば、大半はそうした動作で事足りるはずである）。リモコンはあらゆるプレゼンターの必需品である。スライドを動かすためだけに机や演台に張りつくことは絶対に許されない。小さめのリモコンを使えば、ステージの上を（ある部屋の前方を）歩き回れるだけでなく、客席の中にも入って行ける。

プログラムの起動や、ウェブサイトの表示など、スライドを進める以外の目的でコンピューターを使う必要がある場合は、ときどきコンピューターに歩み寄って操作を行ってもかまわない。とはいえ、必要のない限り、演台のそばには、近づくべきではない。医師、研究者、そしてプレゼンターでもあるハンス・ロスリングは、こうしたパフォーマンスの達人だ。データを呼び出したり、Gapminderプログラムを立ちあげたりする必要がある場合、彼はときどきステージ上のコンピューターに歩み寄って操作を行う。しかし、彼は同時に、スクリーンの前でデータの読み方を説明したり、重要点を指摘したりすることにも多くの時間を費やしている。ロスリングは情熱に満ちた技術系プレゼンターだ。彼はデータの視覚化を通じて、聴衆の心を魅了する。それが可能なのは、一つには、演台をほとんど使わないことによって、彼がコミュニケーションの障壁を取り払っているからだ。

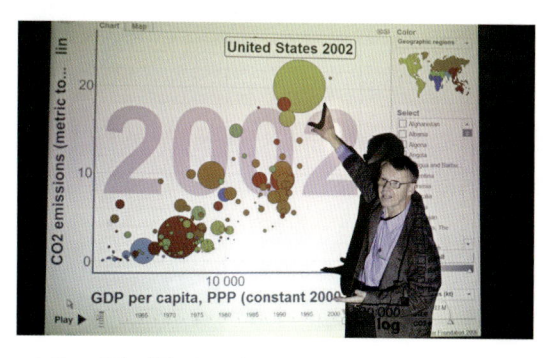

ハンス・ロスリングはコミュニケーションの障壁を取り払い、データと積極的に絡み合いながら、聴衆にとってわかりやすいプレゼンテーションを展開する。（写真提供：ステファン・ニルソン）

デモを行う

　デモを行ってソフトウェアの機能を説明する必要がある場合は、ステージの中央に陣取り、聴衆からプレゼンターと背後のスクリーンの両方が見えるようにしよう。たとえコンピューターの操作中であっても、プレゼンテーションの進行を止めることなく、絶えず対話を続けることによって、聴衆との一体感を保つことは可能である。Appleのスティーブ・ジョブズはこうしたデモの名手だ。シトリックスのCEOであるマーク・テンプルトンも、親しみやすく、魅力的なデモによって、自社のソフトウェアをアピールす

ることに長けている。

　タブローソフトウェアの CEO クリスチャン・シャボーもまた、デモによって聴衆の心をつかむ方法を心得ているハイテクリーダーの一人だ。2010 年、シアトルで行われた同社の年次ユーザー会議の基調演説において、シャボーは一風変わったオープニングを披露した——迫力のあるビジュアルをスクリーンに映しながら、ゴシック風の童話を語り始めたのだ。「時は 2010 年——それはデータにとって受難の時代だった」。続いて彼はビジネス・インテリジェンス業界の現状を描写し始めた。長くて退屈な発表会、コストの増大、導入率の低さ——。シャ

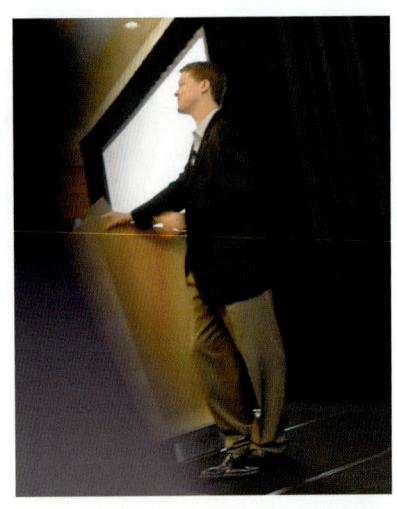

タブローソフトウェアの CEO クリスチャン・シャボー

ボーはまた、旧式のウィザードを含むユーザーインターフェイス、複雑なスクリプト、崩壊しつつある集中型データ構造などに関する暗い物語を語った。現状を一通り説明し終わると、彼は高らかに叫んだ——「人々は新たなテクノロジーを夢見るようになったのだ！」その言葉に続いて、シャボーは Tableau 6.0 を初公開し、大量のデータを瞬時に照会・分析できる新バージョンの威力を語ったのである。

　シャボーは聴衆からほとんど視線を離すことなく、彼らを発見の旅へ誘っていた——ソフトウェアのデモというより、短編ドキュメンタリーを見ているような感じだった。Tableau の決め手は、それがデータという物語を語るのに最適なツールだということだ。シャボーは自分でデモを行えるように演台の後ろに立っていた。それにも関わらず、このデモが魅力的だったのは、親しみやすく、情熱に満ちたストーリーテリングで聴衆を引き込んだからに他ならない。

テクノロジーを聴衆の目から隠す

　テクノロジーの存在によって、せっかくのプレゼンテーションが台無しにならないように注意しよう。スライドウェアを使って行われるプレゼンテーションの場合、ソフトウェ

アやコンピューターの存在はどうしても目立ってしまいがちだ。テクノロジーはできるだけ聴衆の目から隠すべきである。例えば、コンピューターをセットアップするときは、最初のスライドを表示できる状態になるまで、スクリーンの電源は入れないようにしよう。多くのプレゼンターは、コンピューターの起動画面や、PowerPointファイルを開いている様子を平気でスクリーンに映し出し、聴衆に見せつけている。おかげで人々は、1枚目のスライドを目にする前に、デスクトップに貼られたプレゼンターの愛猫の写真を垣間見ることができる。なんと素敵な（そして無意味な）ことだろう。こうした一連の行動によって、貴重な時間が台無しになり、プレゼンテーションの意図が微妙に損なわれてしまう——我々の目的は、使用しているソフトウェアの種類を知らせることではなく、メッセージや物語を伝えることにあるのだ。

The show must go on——何があろうともショーは続けなければならない

　小さなミスはいつでも起こり得る。だが、それがどうしたと言うのだ？　すぐに気持ちを切り替えて、肝心なことに集中しよう。これに関しては、プロのパフォーマーから教えられることが多い。例えば、シルク・ドゥ・ソレイユの『アレグリア』の大阪公演を見ていたとき、私は「スーパー・エアリアル・ハイ・バー（空中ブランコ）」の最中に、一人が手を滑らせ、ネットの上に優雅に落下していったのに気付いた。しかし、彼らの演技は一瞬も途切れず、そのまま続けられた。肝心なのは、たった一回のミスではなく、その他の無数の成功したパフォーマンスによって、人々を楽しませ続けることだ。観衆はささいなミスには気付かないものである——彼らはたいてい舞台そのものに夢中になっていて、細部を気にする暇がないからだ。プレゼンテーションに関して言えば、プレゼンターがスライドを1枚を挿入し忘れようが、スライドの色調がPCの画面に比べて見劣りしようが、聴衆はそれを知らない（あるいは、気にしていない）はずである。なのに、なぜささいな失敗にこだわるのか？　機材に多少の不具合が生じても、構わずにプレゼンテーションを続行しよう。さらに、機材が全く使えなくなってしまった場合に備えて「ビジュアルを使わずに、メモを参考にしてスピーチを行う」、「ホワイトボードを活用して話を進める」といった代替案を用意すべきである。忘れないでほしい——何があろうが、たとえテクノロジーがダウンしようが、ショーは続けなければいけないのだ。

ケン・ロビンソン卿、
スピーチについて語る

　ケン・ロビンソン卿は教育者であり、創造性に関する専門家だ。そして最も人気のある TED プレゼンターの一人でもある。創造性や教育に関する彼の考え方——そして彼自身のプレゼンテーションスタイルは、多くの人々に深い感銘を与えている。ロビンソン卿はマルチメディアにほとんど頼ることなく、数多くのスピーチをこなしている。International Mentoring Network Organization のポッドキャストにおいて、彼はスピーチやプレゼンテーションというテーマについて簡潔に語ってくれた。以下は、ロビンソン卿によるスピーチ6カ条の要約である。

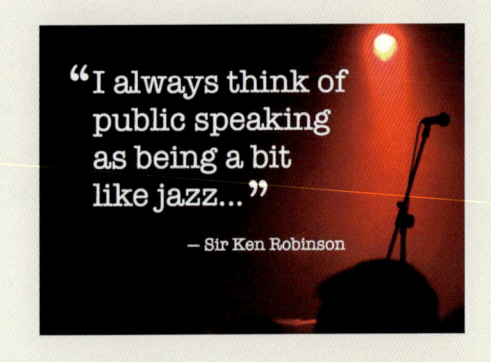

> "I always think of public speaking as being a bit like jazz..."
> — Sir Ken Robinson

1．抽象的な集団ではなく、個々の人間を相手にしていることを肝に銘じる。

　聴衆の数は問題ではない——ロビンソン卿はそう語る。プレゼンターは常に個々の人間に向かって話しているのだ。大勢の聴衆を前にしたときも、少人数のグループを相手にするような気持ちで、自然に語りかけよう。

2．できるだけリラックスする。

　プレゼンターがリラックスしていれば、聞き手もリラックスできる。冒頭からできるだけ打ち解けた態度を見せ、聴衆を安心させよう。小さなことに思えるかもしれないが、これは非常に大きな意味を持っている。

3．会話調で語りかけ、聴衆との一体感を作り上げる。

　リラックスするだけでなく、常にエネルギッシュな姿勢を保つことも大切だ。会話調で自然に語りかけることと、友人とカフェでおしゃべりしているときのようなテンションでステージに立つことはイコールではない。「私は聴衆から沢山のエネルギーを受け取っている。だからこそ、彼らと心を通わせることに大きな意味があるんだ」ロビンソン卿はそう語る。プレゼンターに周囲との一体感やエネルギー（これは循環的である）が備わっていれば、より効果的にメッセージを伝え、大きなインパクトを残すことができるだろう。

4．コンテンツを熟知する。

　このアドバイスは一見わかり切ったことのように思われるかもしれない。しかし、ではなぜあれほど多くの人々が詳細なメモを使っているのだろう？「緊張を和らげるため」「決まりごとだから」「いつもの習慣で」という理由もあるだろう。だが多くの場合、それは「トピックについて語る準備がまだできていないから」である。コンテンツがしっかり頭に入っていれば、ほんの数個の箇条書きを見るだけで、全体の構成を思い出せるはずだ。ロビンソン卿は、スピーチについて熟考を重ねた後、数個のキーポイントを（スクリーンではなく）紙に書き出すのだという（マインドマップ〔テーマを中央に置き、放射状にキーワードや絵を繋げていったもの〕を紙に書き出すことも、メモやロードマップとして役に立つ。私は時々この方法を採用している）。彼は詳細なメモには頼らず、箇条書きしか使わない。プレゼンテーションの内容をしっかり把握していれば、心にゆとりを持つことができる。もし内容が頭に入っていなければ、プレゼンターは傍目にも落ち着きがなくなり、その結果、聞き手まで落ち着かない気分になってしまう。

5．準備はすべきだが、リハーサルはすべきではない。

　リハーサルをする代わりに、事前に綿密な計画を練ろう。もちろん、リハーサル自体は悪いことではない。準備の方法は人それぞれである。リハーサルが危険なのは、練習を重ねるあまり、本番のパフォーマンスが硬直化する可能性があるからだ——つまり、完璧すぎたり、柔軟性や自然さに欠けたりして、技術的には満点でも、肝心の聴衆との一体感を失うことになりかねないのである。

6．アドリブの余地を残しておく。

　「スピーチはジャズやブルースに似ている——私はいつもそう思っている」ロビンソン卿は言う。「次に言うべきことは必ずしも決まっているわけではない。だが、私は物語の力を信じている」彼はそう語る。ロビンソン卿のプレゼンテーションは——ジャズ・ミュージシャンと同様に——物語を語り、人々を未知の場所へ誘ってくれる。もちろん、ステージに立つ前に、頭の中にシナリオはできている。しかし、彼はミュージシャンのように、自由にアドリブを加えてくる。こうしたパフォーマンスは、より自然で柔軟性があり、どんな聴衆を前にしても、臨機応変に心をつかむことができる。また、ケン・ロビンソン卿はユーモアを信奉しており、それは創造性を刺激する上で大きな意味を持つと考えている。ユーモアは、聞き手の注意を、プレゼンター自身やそのメッセージに引き付けるのに役立つ。彼は言う。「聴衆が笑っているのは、ちゃんと話を聞いている証拠だ」。

ビジュアルは大きめに

　スライドの文字などが小さすぎて、情報が読み取れないことほどイライラするものはない。客席の位置によってはっきり見えないようなビジュアルを表示した場合、それが障壁となって、話し手との心の距離が開いてしまう。また、こうした事態は、プレゼンターの準備不足や、聴衆への配慮のなさを印象付けることになる。部屋のどこから見ても、パッと内容が理解でき、目に負担がかからないビジュアルを作成すれば、聴衆との心の距離を縮められる。ことビジュアルに関しては、大きなスケールで考えることが大切だ。

遊び心を発揮する

　人は遊ぶために生まれてきた。我々は遊びを通して学び、心身を発達させていく。それはまた、自己表現の手段でもある。遊びは心の中から自然に湧き出てくるものだ。2010年の初め、ハワイのマウイ島のビーチ付近で、ジャズのミニライブに耳を傾けていたとき、改めてそれに気付かされる出来事があった。下の写真は私が撮影したものである。小さな女の子が、一人で楽しそうに踊りながら、音楽に満ちた至福の時を味わっている。

私はこの写真が気に入っている。それは、大人と子供の両方が遊びに興じている瞬間を写し取っているからだ。大人のミュージシャンは、ジャズを通じて自分自身を表現している。ジャズは複雑な形態をとった「遊び」だ。そこにはルールや束縛があるのと同時に、大きな自由が存在している——こうした自由は、演奏者と聞き手の双方に、素晴らしい創造性と喜びをもたらしてくれる。その女の子は、複雑なコードやリズム、ミュージシャン同士で繰り広げられる素晴らしいインタープレイなどには、全く気付いていなかった。それでも、音楽自体が持つエネルギーや美しさに突き動かされ、思わず顔をほころばせ、踊り出したのだ。うまく踊ろうなんて思っていなかった——彼女はただ、その音楽への感動に身をまかせただけだった。女の子のダンスは自由奔放で動きが速かったため、写真の中の彼女は、輪郭がすっかりぼやけている。ダンスは最も純粋な形の「遊び」かもしれない。子供たちはお遊戯を習うずっと前から、音楽に合わせて体を動かしている。人は体を動かすために、そして、遊ぶためにうまれてきた。子供たちはそれを思い出させてくれる。人はみな表現豊かで、情熱的な、社会的存在だということを、彼らは再認識させてくれるのだ。

　あなたが何歳であろうと、物事を学び、創造し、革新していく上で、遊びは大きな意味を持っている。遊びは人間を賢くする。「遊びほど脳を活性化させるものはない」心理学者のスチュワート・ブラウンはそう語る。「人間という種の大きな特徴は、生涯を通じて遊び続けるようにできているということだ」。真面目なプロフェッショナルや学生であることと、遊び心は両立可能である。我々は「遊び」についての認識を改め、それが「仕事」の反意語ではないことを知るべきだ。ブライアン・サットン＝スミスは次のような有名な言葉を残している。「遊びの反対は仕事ではない。憂鬱だ」。子供の頃に身に付けた遊びのテクニックは決して無駄にはならない。むしろそれは、今日のあなたにとって不可欠な要素と言える。

　遊び心や創造性を発揮するには、信頼が必要だ。そうした信頼は、「笑顔」をはじめとする「遊びのシグナル」を通じて確立される。声の調子、顔の表情、ジェスチャー——その全てが微妙な非言語的シグナルを発し、遊び心に満ちた触れ合いを促していく。

武道家が避けるべき十悪

　「武道」とは、日本の武術(マーシャルアーツ)全体を包含する言葉である。「武」とは「矛を止める（戦いを止める）」ことを指し、「道」は真理や解放への「道筋」を意味する。伝統的な精神修養の理念を考察することは、我々に多くの教訓を与えてくれる（ただし、こうした理念は、大半の人々の日常体験とはかけ離れて見えるかもしれない）。

　単純化のそしりを受けることを覚悟しつつ、あえて、武道とは競技、戦い、技術だけでなく、「自分自身をコントロールする術」でもあると考えてみよう——次のページには「武道家が避けるべき十悪」が挙げてある。これはジョン・スティーブンスの『Budo Secrets』（Shambhala）で紹介されている、鹿島神流の戒めである。これら十悪は武道家の心得を説いたものだ。しかし、同書の著者が指摘するように、それは誰もが乗り越えねばならない自分の負の部分でもある。我々の中にはこれら十悪の全てが存在している——所詮はただの人間だからだ。大切なのは、そうした負の力に屈しないことである。敵は聴衆（競争相手）の中には存在しない。成功への最大の障害は、往々にして、自分の外側ではなく、内側にある。合気道の達人、故フルヤ・ケンショウが残した次の言葉を、私はとても気に入っている——「人間には無限の可能性があり、やりたいことは何でもやれる。他人と比較するからこそ、自分の能力に限界を感じるのだ」。

武道家が避けるべき十悪
1. 傲慢
2. 過信
3. 強欲
4. 憤怒
5. 不安
6. 疑念
7. 不信
8. 躊躇
9. 侮蔑
10. 慢心

　誰もがこうした側面を持っている。しかし、プレゼンテーション、音楽の演奏、授業などを行うにあたって、それらに何のメリットもないのは自明である。これら十悪は全て、パフォーマンスに悪影響を与え、我々の進歩を阻む可能性がある——とりわけ「不安」や「疑念」はそうだ。「失敗したらどうしよう？」「人からどう思われるだろうか？」といった不安は、人々の心を縛り付ける。我々は怯え、自信を失う。そして心に迷いが生じ、積極的な行動に出ることをためらうようになる。セス・ゴーディンをはじめとする人気作家は、これを「トカゲ脳」の仕業と表現している

　一方、「自信」は重要かつ不可欠なものだ。しかし、自分の力を「過信」することは、時として「不安」と同じぐらい有害である。「過信」は「不安」と同様に、我々の進歩を妨げる。さらに、「過信」、「慢心」、「侮蔑」といった感情にとらわれていると、周囲の人々や出来事から教訓を見出せなくなってしまう。古い格言にあるように「頂点を極めたと思った瞬間、人は衰退への道を歩み始める」のである。

　鍵を握るのは、多くの訓練や経験を通じて得られる美徳の一つである、「謙虚さ」だ。「謙虚さ」と「強さ」は、表裏一体の関係にある。不安や自信のなさをごまかすために、わざと謙遜した態度を取ることは、「謙虚さ」ではない。真の謙虚さは、強さから生まれてくる。常に謙虚さを失わない人は真の勇者である。こうした教訓を道場だけに収めておくのはもったいない——それらは、プレゼンテーションを含む、日々の生活や仕事にも応用可能なはずである。

「遊び」によって、その一瞬に集中できる

遊び心は人々を引き付け、コンテンツやその一瞬に集中させてくれる。学校の授業、大学の講義、とりわけ、典型的な会議のプレゼンテーションには、もっと「遊び」が必要だ――子供たちの姿を見ると、その事実を痛感させられる。我々大人は、「遊びは不真面目だ」「仕事（勉強）と遊びは相反するものである」という概念をまず捨てるべきだ。仕事と遊びは間違いなく一つに結び付いている――少なくとも、今日、我々が携わっている（そして子供たちに就かせたいと思っている）創造的な仕事についてはそうだ。ビル・バクストンは、ラスベガスで行われた Mix'09 の情熱的なプレゼンテーションにおいて、デザイナーとして、そしてコンピューター科学者として、こう断言している。「くそまじめにやっていてはダメだ。こういう大事なことは、肩の力を抜いて行わなければならない。遊び心が必要なんだ」。

とはいえ、遊びは決して無秩序なものであってはならない。そこには必ずルールが存在する（とりわけ集団的な遊びにおいてはそうである）。また、遊びには話し合いがつきものだ。いつ、どうやって遊ぶかについての決まりもある。いったん身についた癖はなかなか直らないものである。だからこそ、一定のルール（例：ブレインストーミング中は、一時的に判断を保留する）が必要なのだ。そうすれば、創造的なプロセスを阻む古い習慣から脱却できる。人々の固定観念を打ち砕き、しばらくの間「大人っぽい振舞い」を控えてもらうことによって、よりよいアイデアを引き出せるだろう。

遊びの精神は人を魅了する

遊びはプレゼンターと聴衆（および聴衆同士）の間に、のびのびとした一体感を作り出す――それは、プレゼンテーションを全員で分かち合っているという感覚を生み出してくれる。とはいえ、聴衆の要望やコンテンツを「真面目に」受け止めることが間違っているわけではない。仕事に対して真剣に取り組むことはもちろん大切だ。ただし、肩に力を入れ過ぎることは禁物である。プレゼンターは厳粛である必要はない（とりわけ、プレゼンテーションによって、人々の心に変化をもたらそうとする場合はそうだ）。

肩の力を抜いて事に臨めば、いいことがたくさんある。遠慮せずにプレゼンテーションを楽しめばいい。他人の目など気にせずに、本当の自分をさらけ出せばいいのだ。不安か

ら解放されたとき、あなたのプレゼンテーションはどう変貌するだろうか？　遊びの精神はプレゼンテーションに活気を与えてくれる。活気にあふれた聴衆と、厳粛なムードの聴衆の、どちらの前で話したいだろうか？　それでもなお、従来の堅苦しいやり方を踏襲したいだろうか？

遊び心を注入する

　遊び心を植えつけるためには、プレゼンターは聴衆が安心できるような環境を作らなければならない。ティム・ブラウンは、シリコン・バレーで最も革新的なデザイン会社の一つであるIDEOのCEOだ。同社は遊びの大切さを知る企業でもある。ブラウンによれば、現状に安心感を抱いている子供ほど、自由にのびのびと遊ぶことができるという。これは職場の大人たちにも当てはまる。さまざまな不安（同僚からの評価を恐れることもその一つである）は、我々の行動にブレーキをかけ、リスクを冒したり、他人と意見を分かち合ったりすることを阻んでしまう。「不安を抱えていると、慎重になりすぎたり、型破りな意見を表に出さなくなったりするものだ」。ブラウンはそう語る。我々大人は、周りの意見に振り回され、完全に自由ではいられなくなっている。だからこそ、プレゼンターは聴衆が安心できるような環境を作り、彼らの積極的な参加を促さなければならない。

　第3章で述べたように、ユーモアを自然に取り入れることによって、さりげなく遊び心を注入するという手もある。「ユーモアを自然に取り入れる」とは、遊びの精神を発揮し、のびのびとした気分で聴衆と触れ合うことを意味する。「皮肉な状況を揶揄する」「通説を吹き飛ばす」、「意外な展開を見せるエピソードを披露する」など、その方法はさまざまである――人々を微笑ませ、クスリとさせることなら、何でもいい。笑いは社会生活に欠かせない行為だ。笑いがあれば――聴衆と一緒に笑いを分かち合えば――彼らと一つになれる。ベストセラー『ハイ・コンセプト：「新しいこと」を考え出す人の時代』（三笠書房）において、ダニエル・ピンクは「遊び心」を、21世紀の世界で成功を収めるために不可欠な資質と見なしている。ユーモアは、言うまでもなく、遊び心の鍵となる要素である。「ユーモアは、オートメーションやアウトソーシングの時代に必要とされる、洗練された思考の多くの側面を代表している」。ピンクは言う。「笑いは喜びにつながり、ひいては、創造力、生産性、連携の向上につながっていく」。

子供の遊びは、未知の世界の探検や、さまざまな実験を伴っていることが多い。「真面目な」大人たちの中にも（少なくとも、スピーチの舞台に上がるまでは）こうした行為に夢中になっている者がいるはずだ。とはいえ、我々大人はすぐに物事にレッテルを貼り、何らかのカテゴリーに押し込もうとする——子供のように可能性を追求したり、創造力を働かせたりするのではなく、なんだかんだと理由をつけては「それは不可能だ」と決め込んでしまうのだ。だからこそ、可能性の追求や実験を促すことが重要になってくる（こうした要素はプレゼンテーションにおいて「発見の喜び」を与えてくれる）。新しいことを試そうとする姿勢はきわめて重要だ。

　未知の世界の探検、さまざまな実験、新しい発見——こうした体験を通じて遊び心を植え付ければ、人々の脳を刺激し、思わぬ発見を共に成し遂げられるかもしれない。つまるところ、人間は遊びの中から何かを発見し、遊びを通じて物事を学ぶのである。遊び心を持った人々は、さまざまな可能性に対して心を開いている。それはデザイナー、ビジネスマン、教師だけでなく、医師や科学者にも言えることだ。

子供たちは生まれながらの探検者だ。そうした本能は、今でも我々の中に眠っている。プレゼンターは、「発見」や「探検」に対する聴衆の本能的な憧れを刺激することによって、彼らを魅了できる。

エンターテイメントの役割とは何か？

　仕事中にあえて「遊び心」を発揮する大人は、多くの場合、世間から非難を浴びる。遊びは単なるエンターテイメントであり、受動的な気晴らしに過ぎないと人は言う。プレゼンテーションに遊び心を取り入れることに抵抗を示す人も多い。「我々はエンターテイナーじゃない。自分の仕事は、情報を与え、分析することであって、人々を楽しませることじゃないんだ」彼らはそう言うかもしれない。しかし、何かに没頭したり、可能性を探ったり、新しいことを発見したりしているときの脳は、決して受動的ではないし、単なる気晴らしを楽しんでいるわけではない。「何かに没頭している脳」は、ある意味で「エンターテイメントを楽しんでいる脳」と言えるのではないか？　あるいは「エンターテイメント」という言葉が白い眼で見られるようになってきた原因は、インフォマーシャルや娯楽情報番組の台頭と、ジャーナリズムや硬派なニュースよりも、わかりやすいキャッチフレーズや派手な演出を優先する、軽薄なニュース番組の登場にあるのかもしれない。

　エンターテイメントという言葉には注意が必要である。なぜなら、それはお堅いビジネスマンが避けたくなるようなことをたくさん連想させるからだ。エンターテイメントの類義語には、「気晴らし」「娯楽」「レジャー」といった、ビジネスや学問の世界のプレゼンテーションとは縁遠いものが含まれている。しかし、「楽しい」という言葉は、「吸い込まれるような」「心を打つ」「思わず引き込まれる」「愉快な」「魅力のある」「心を奪う」「わくわくするような」「魅惑的な」「心を揺さぶる」「面白い」「陽気な」「心に訴える」「挑発的な」「刺激的な」といった、多くのプレゼンテーション向きな言葉の類義語でもある。自分のプレゼンテーションをこんな風に評してもらえる人は幸せ者だ。

　MITメディアラボの創設者であるニコラス・ネグロポンテは、明確なヴィジョンを持った、マルチメディア革命の立役者である。1984年、カリフォルニアのモントレーで、「教育におけるテクノロジー」の未来像についてスピーチしたとき、ネグロポンテは「優れた教育は、優れたエンターテイメントであるべきだ」と語っている。まさにその通りだ。さらに、これは大半のスピーチにも言えることである。何かを教え、情報を提供し、発想の転換を促したいのなら、常に聴衆を楽しませなければならない。ただし、エンターテイメントという言葉については考え方を改める必要がある。私が思うに、ネグロポンテの言う「エンターテイメント」とは、「何かに没頭すること」、「意義」、「個人的な関わり」、および、「斬

新で刺激的なものに対する、人間の自然な欲求や好奇心をかき立てる活動」を意味している。教育とは知識や情報を授けることである。しかし、何かを理解しようとする過程で芽生える、知識への飢え、意欲、好奇心といったものは、人間らしい感情に満ちている。

　大部分のプレゼンテーションと、一般的な教育の間には、多くの共通点がある——どちらもエンターテイメントの力を借りることが可能だからだ。エンターテイメントの特徴は、常に「他者」を中心にものを考えていることにある（それが本来の姿だ）。主役はあくまで我々ではなく、彼らの方である。何を面白いと感じ、何に夢中になるかは、聴衆によって異なる。彼らを刺激し、感動させ、啓発するのに最も効果的な方法は何か？——それを考え出すのは我々である。エンターテイメントは必ずしも気晴らしや現実逃避ではない。最もいい意味でのエンターテイメントとは、何かに没頭し、人々と心を通わせ、有意義な時間を過ごすことである——そのためには、遊びの精神を注入することによって、人々の心を開き、彼らを引き込む必要がある。自分をエンターテイナーやパフォーマーだと思う必要はない。しかし、（しかるべき聴衆に向けて行われた場合）あらゆる優れたプレゼンテーションは、エンターテイメントになり得る。どうやっても面白くならない（あるいは、啓発的でも刺激的でもない）データがあるとすれば、そうしたデータを使うこと自体が（あるいは、対象とする聴衆が）そもそも間違っているのだ。

　子供の脳の健全な発育には、遊びが不可欠である。それは明白な事実だ。しかし、遊びが必要なのは子供だけではない。「仕事」と「遊び」という区別を取り払うことができれば、より生き生きした、豊かな人生を送れるようになる。我々は「遊びは仕事以外の時間にやるもの」という考え方を捨て、常に多種多様な形の「遊び」に彩られた人生を送るべきである。

　遊び心をプレゼンテーションに取り入れること、および、そうした遊び心によって注入された「発見」や「探検」の感覚は、学習効果を高め、創造的な思考を促してくれる。とはいえ、通常はそんなことを考えるより、単に楽しい時を過ごし、満たされた気分になるために遊んだ方がいい。遊びそのものからインスピレーションを得ることも可能である。遊びほど大切なものを、仕事やプレゼンテーションに取り入れないのはもったいない。それを理解しているスピーカーは、我々に大きな感銘を与えることができる。

まとめ

- トピックへの関心や、それに付随する情熱は、ごまかしが効かない。問題は「どうやったら聴衆に面白がってもらえるか」ではなく、「なぜこのトピックが重要なのか」「なぜそれが聴衆にとって大きな意味を持つのか」をいかに示すかなのだ。

- ストーリーやデータは確かに重要である。しかし、プレゼンターから伝わってくる本物の感情は、(良かれ悪しかれ)最終的に聞き手の心に刻まれるメッセージを、大きく左右する力を持っている。

- 原則として(1)自分と聴衆の距離を縮める、(2)聴衆同士を互いに近づける(ただし、現場でのパーソナルスペースのとらえ方に配慮する)、(3)自分と聴衆の間の障壁を取り除く、という3点を実行すべきである。

- 遊び心をプレゼンテーションに取り入れること、および、そうした遊び心によって注入された「発見」や「探検」の感覚は、学習効果を高め、創造的な思考を促してくれる。

天才になる義務は誰にもない。
しかし、参加する義務は全員にある。

―― フィリップ・スタルク

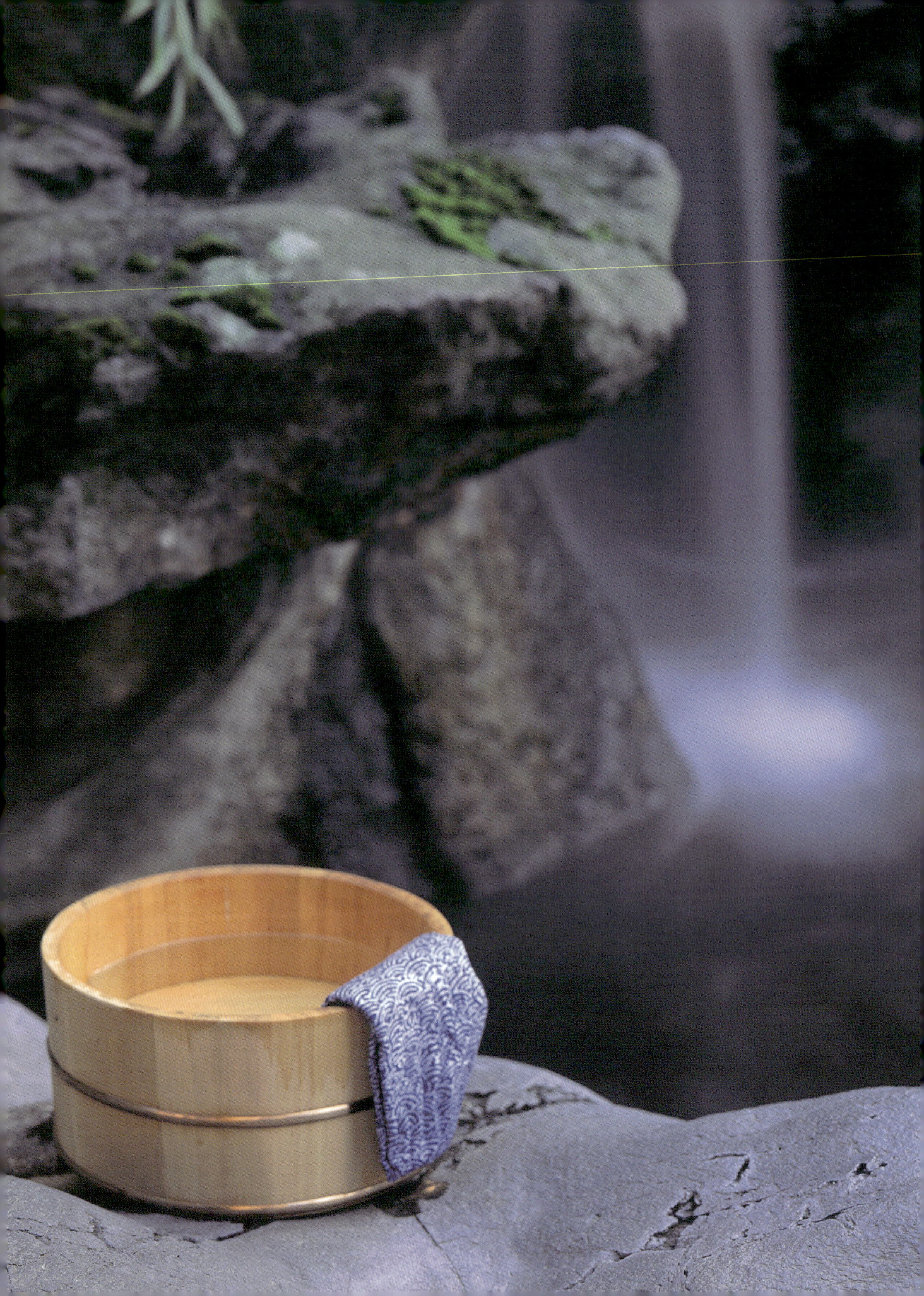

5

「ペース」に気を配り、聴衆の「参加」を促す

　ハイスクール入学から3年間、私はアメフトチームのワイドレシーバーであり、陸上部の短距離走者だった。4年生になって、初めて長距離走に挑戦することになった。私は昔から、短距離走に比べて長い距離を走ることを苦手としていた。5キロ走であれ、10キロ走であれ、最初から飛ばし過ぎるからだ。スタートダッシュに全精力を注ぐべきだと考えていた私は、号砲が鳴るやいなや、猛烈な勢いで飛び出してしまう。問題は、そのペースがいつも長続きせず、レースが進むにつれて、スタミナが切れ始めることにあった。「ペース」というものの大切さが身にしみてわかったのはこの時だった。重要なのはスタートダッシュではなく、レースの最初から最後までペースを保ち続けることなのだ。

　「人生は短距離走ではなく、マラソンだ」──誰もが一度はそう聞かされた覚えがあるだろう。一見、月並みな決まり文句のようだが、この言葉は本質を突いている。聴衆に向かってプレゼンテーションを行う場合も、ペースに気を配り、テンポや流れに変化を持たせることが大切である。本章では、聴衆との一体感を維持することに関わる二つの要素──「ペース（Pace）」と「参加（Participation）」を考察していく。聴衆を「単なる聞き手」ではなく「能動的な参加者」と見なし、プレゼンテーションに巻き込んでいくことは、ペースをコントロールし、人々の関心を維持するための鍵の一つである。

ペースに変化を持たせる

　スタンダップコメディアンは、究極の「裸のプレゼンター」だ。彼らの仕事ほど恐ろしいものはない。マイク一本を頼りに、大勢の人々の前に立つ——しかも、人々は笑いを期待してやって来ている——これほど難しく、危険な仕事が他にあるだろうか？　優れたスタンダップコメディアンは、ストーリーを語り、当意即妙のコメントを発し、自分の真の姿を垣間見せることによって、聴衆の心を見事につかんでいく。「最高のコメディアンは、自分の本心に忠実なネタ作りをしている。これは最高のプレゼンターにもあてはまる」。アメリカのタレントマネージャー、ジョージ・シャピロはそう語る。

　我々プレゼンターは、あえて道化を演じる必要はない。だが、人々の感情を喚起し、彼らを魅了する必要があるのは確かだ——こうした方法を最も心得ているのが、スタンダップコメディアンである。ドキュメンタリー映画『Comedian』の中で、ジェリー・サインフェルドは、聴衆との一体感を維持し、ペースを確立することの重要性について触れている。「常に必要なのは、いち早く自分の実力をアピールし、客席のムードを確立することだ」サインフェルドはそう語る。「やがて、『つかみ』のテクニックや、盛り上がりを維持する方法、メリハリの付け方がわかってくる」。オープニングで聴衆を引き付けることに成功しても、その一体感を最後まで維持できなければ意味がない。冒頭で作り上げた一体感や盛り上がりを維持できるかどうかは、緩急の使い分けにかかっている。

　『ロッキー・ホラー・ショー』（観客参加型の上映会で知られるイギリス映画）を見に行く場合を除いて、映画鑑賞は受け身の行為だ。それにも関わらず、優れた映画は2時間以上も観客の注意を引き付けることができる。なぜそれが可能なのか？　映画の場合、メディアそのものは変化しない。代わりに、ストーリー自体や、画面上のアクション、会話などが、コントラストを欲する人間の本能に訴えかけてくる（その中には、多様性／同一性、確実性／不確実性、予見性／神秘性、新／旧などのコントラストが含まれる）。映画では、始まってすぐの段階で、主要な問題や対立が提示される。聴衆はその問題や対立が解決するまで、じっと成り行きを見つめることになる。たとえプロットはシンプルでも、そこには物語の推進力があり、観客はまるで映画の世界に入り込んだような（あるいは少なくとも、素晴らしい物語の目撃者になったような）気分を味わう。さらに、はらはらするような急展開のシーンと、ゆったりしたテンポの場面をうまく配置することによって、映画にメリハリが出て

くる。こうした穏やかなシーンのおかげで、聴衆はホッと一息つき、さまざまな思いにふけることができる。

　聴衆の関心を維持することについて、偉大な脚本家や映画監督並みに習熟する必要はない。しかし、彼らから学ぶことは多いはずだ。彼らの物語や演出が、緩急を巧みに使い分けていること、また、それが恣意的なものではなく、物語に寄与し、変化やバラエティに対する聴衆の欲求を満たすような形で行われているという事実は、大いに参考になる。プレゼンテーションを行う場合も、物語の構成以外に、緩急の使い分けによって聴衆の関心を引き付けておく方法はたくさんある。

「集中力」と「変化への欲求」

　ペースに関して言えば、キーワードは「変化」である。聴衆の関心を維持するためには、物語の内容（例えばストーリー展開など）を変化に富んだ魅力的なものにするのと同時に、メッセージの表現方法も変化させなければならない。「変化は人生のスパイスだ」ということわざもあるように、プレゼンテーションに変化やバラエティを持たせれば、聴衆の集中力はより高まる。人間の注意力はもともと長続きしないものだが、聴衆の集中を妨げるものが大量に存在する今、その持続時間はますます短くなってきている。グランヴィル・トゥーグッドは自著『The Articulate Executive』（McGraw-Hill）の中で、1970年代に米国海軍によって行われた研究のデータを引用している。それによれば、講義やプレゼンテーションにおける学生の集中力の平均持続時間は、わずか18分間に過ぎなかったという。私自身の経験からいうと、今日の聴衆の集中力の持続時間は18分よりずっと短いように思われる。さらに、退屈なスピーカーに耐えられる時間ともなれば、その数字は限りなくゼロに近くなる。

　ジョン・メディナ博士は、「数秒で人の注意を引くことは可能だが、その注意は10分間しか続かない」と言う。エネルギッシュな講義で知られるメディナ博士は、その指導力や、

聞き手を引き付けて離さないスキルを評価され、ヘキスト・マリオン・ルセル社の「ティーチャー・オブ・ザ・イヤー」に選ばれている。メディナ博士によれば、「10分を過ぎると集中力は急降下する——従って、スピーカーは、何か違ったことをやらねばならない」ということらしい。彼は言う。「10分間ルールは長年知られていた方法だった。そこで、私は講義を10分ずつの小さなモジュールに分解すべきだと考えた。この方法を取り入れると、一コマの講義で、約5つのモジュールをこなすことができる」さらに彼は、10分間の各モジュールの冒頭で中心概念を大まかに説明し、人々に全体像を与えた上で、残りの時間の大半を、その概念の詳細を語ることに費やすという方法を勧めている。ただし、10分が経過したら、何らかの方法でギアチェンジを行い、人々の関心を維持しなければならない。メディナ博士は「感情誘発刺激（ECS）」を取り入れることを進めている。ECSは脳に休息を与えるのと同時に、モジュール同士をつなぐ「フック」として機能している。こうした「フック」はコンテンツに即したものでなければならない。また、当然ながら、感情に訴えるものでなければならない。物語、ビデオクリップ、事例研究、スクリーンの画像、興味深い関連エピソード——テーマに即していて、喜び、悲しみ、恐れ、郷愁、疑念といった、人間らしい感情を誘発するものなら、何でもかまわない。

脳には休息が必要だ。約10分ごとにギアを切り換え、「感情誘発刺激（ECS）」を導入することで、コンテンツへの関心を引き上げよう。（スライドの写真はiStockphoto提供による）

話すスピード、声量、ピッチに変化を持たせる

　一般に「話すスピードを落とせ」というのは適切な助言である。プレゼンテーションの初心者は、早口になりがちである（体中を駆け巡っているアドレナリンの仕業だ）。早口でしゃべると、ピッチ（高低）が上がり、発音が不明瞭になるため（とりわけネイティブ・スピーカー以外には）内容を聞き取るのが難しくなる。さらに、聴衆はステージの上で早口でしゃべる人物に対して「迫力に欠ける」という印象を抱くことが多い。スティーブ・ジョブズやカルロス・ゴーンといった、おなじみの強力なビジネスリーダーは、速過ぎず、遅過ぎずの、心地良いテンポで語りかけてくる。

　話すスピードに加えて、声量に自然な変化を持たせることも必要だ。メッセージを強くアピールすることと、声を張り上げることはイコールではない。とはいえ、時にはかなり声量を上げてもいいケースがある。ただし、その際は、声を張る部分と、（きちんと聞き取れる程度の）小声で語りかける部分との間に、自然なコントラストを作り出さなければならない。一時的に声を落とすと、人々はそれを重要事項のサインと見なし、プレゼンターの話に集中するようになる。

　話し手の声のピッチが自然に変化する様子は魅力的だ。そこには人の心を引き付ける何かがある。だからこそ、誰かが何の感情も込めずに原稿を棒読みするのを聞くのはあれほど退屈なのだ。その退屈さの一因は、ダイナミックレンジ——情熱や配慮に満ちた魅力的なプレゼンテーション（あるいは会話）に見られるピッチの高低差、あるいは、真心と熱意を込めて即興的なスピーチをしている人の、完璧ではないが真実味のこもった声のトーン——が欠けているからだ。棒読みには抑揚というものが存在しない——こうした抑揚はスピーチの効果を大きく左右する。例えば、抑揚をつけることによって、重要な言葉やキーポイントを強調し、人々の理解を促すことができる。プレゼンテーションの初心者は、緊張のためにピッチが高くなることが多い。甲高い声は人を苛立たせ、集中力を妨げる。私がかつて日本で見た、あるアメリカ人プレゼンターは、緊張のあまり、普段は低音でソフトな声が、まるで演台の陰でヘリウムでも吸ったような声になっていた。おまけに、全てのセンテンスの語尾が、疑問文のように上がり調子になってしまったのだった——「皆さん、こんにちは？　ここに来られて大変光栄です？　お越しいただいてどうもありがとうございます？　まず、あるお話を紹介したいと思います？　と

ても素晴らしいお話です？」

　説得力のあるスピーカーは、話の「間」や「沈黙」を巧みに利用している。つい早口になってしまったとしても、適切な「間」を取ることさえ忘れなければ、大きなインパクトを残せる。スピーチの合間に訪れる「沈黙」は、音楽における「休止符」と同様に、計り知れない力を持っている。ビジュアルの「余白」がデザインの有効性の鍵を握っているように、沈黙によって、言葉に新鮮な空気が吹き込まれ、強いインパクトが生まれてくる。ある意味では、「静」があるからこそ「動」があり、「無」があるからこそ「有」が生じるのである。コントラストは人を引き付ける。「話すスピード」「声量」「ピッチ」の自然な変化や、適切な「間」を取ることは、どれも明確性を高め、聴衆を引き付けることに貢献している。

　自分の声が実際にどんな印象を与えているかを知るためには、スピーチやプレゼンテーションを一度録画してみる必要がある。おそらく衝撃を受けるだろう。「早口すぎる」、「声が甲高すぎる」といった事実を、ひとたび自分の目で確認すれば、次のスピーチ時に、「もっとのびのびと、エネルギッシュに語りかけよう（ただし、声のピッチや話すスピードに関しては、自然な会話調を心がけよう）」と、自分に言い聞かせられるようになるはずだ。

作戦を変更する

　プレゼンテーションの現状をしっかりと把握することによって、ギアチェンジを抵抗なく受け入れられるようになる。たとえ時間をかけてメッセージやビジュアルを練り上げ、最高のプレゼンテーションを準備したとしても、そうしたスライドやプロジェクターが全く役に立たないケースも存在する。場合によっては、ご自慢のMacBookやVAIOをバッグにしまったままプレゼンテーションを行った方がいいこともあるのだ。アメフトの名クォーターバックの言葉を借りればこうなる──「時には計画を白紙に戻して、『オーディブル』（作戦変更の指示）を出すのが一番いいこともある」。

　優れたプレゼンターと名クォーターバックは似ている──彼らは状況を的確に判断し、瞬時に修正を行う。クォーターバック（QB）は他のポジションの選手に比べて身体能力に劣る場合が多い。しかし、彼らは状況判断に優れ、緊迫した状況下で作戦変更を決意することができる。攻撃側がポジションに着いたとき、作戦（ハドル〔円陣〕の中で指示され

たプレー）はすでに決まっている。しかし、QB は目の前の守備隊形を見渡し、そこにチャンスやピンチの可能性があれば、瞬時に作戦変更を決意する。その場合、QB は暗号を叫んだりジェスチャーを使ったりして、選手たちに新しい作戦を伝える。QB は目前の状況に基づいて修正を行う。しかし、時には直感に頼って作戦変更を決意することもある。QB が土壇場で作戦変更の指示を出したおかげで、アメフト史に残るような名プレーが生まれたこともある（あるいは、QB が目の前の守備陣への対応を誤ったおかげで、アメフト史に残るような大失策が生まれている）。鍵を握るのは、臨機応変な対応だ。だが、こうした対応には、しっかりとした現状認識や、変化への柔軟性が不可欠である。

　Apple に入社して間もない頃、カリフォルニアのあるユーザーグループに対してプレゼンテーションを行った際に、私は作戦を変更せざるを得ない状況に追い込まれた。私はその日のために、（ユーザーグループのような）組織のマーケティングやブランディングに関するスライド・プレゼンテーションを用意していた。当日を心待ちにしていた私は、Apple の基準に合ったビジュアルを作り上げようと努力を重ねてきた。しかし、いざ会場に着いてみると、照明、音響、部屋全体の雰囲気は、想像していたものと全く違っていた。とはいえ、私は予定通りに機材を準備することにした。

スライドの画像は iStockphoto の提供による

　プレゼンテーションの開始前に、私は会場を歩き回り、多くの参加者と会話を交わした。彼らは Apple のユーザーグループ特有の、親切で感じのいい人々だった。参加者と話すうちに、私は自分が準備してきたスピーチが（いくら自信作であっても）このグループにはふさわしくないことに気付いた。それはいささかショックだった。しかし、私は予定通りのプレゼンテーションを強引に進めるつもりだった。何といっても自分は Apple の人間であり、人々は「ミニ・スティーブ・ジョブズ」的なプレゼンを期待しているんだ、そうだろう？ とはいえ、その会場でコンピューターやプロジェクターに頼るのは、なんとなく場違いな気もしていた。

　司会者に名前を呼ばれた瞬間、私は作戦の変更を決意した――私はリモコンを置き、スツールを持ってきて、最前列中央の手前に腰を下ろした。そして、聴衆とざっくばらんに

語り始めたのである。我々はAppleやユーザーグループについて、そして彼らのニーズや不満について、腹を割って話し合った。私は自分が話すのと同じくらい相手の話に耳を傾けた。案の定、彼らの質問は、私が準備してきた内容とは全く異なっていた。今回に関しては、全くの「アナログ式」でいった方が正解だったのだ。こうしたケースでは、最高のスライドでさえ、会場の一体感や真の会話の妨げにしかならなかっただろう。

過ぎたるは及ばざるがごとし

「シンプル」とは、余分なものを取り除き、本質のみを残すことを意味する。これはデザインの基本概念であり、コミュニケーション全般にも言えることである。プレゼンターは「聴衆の理解を得るためには、トピックに関する知識を一つ残らず伝える必要がある」という考えに陥りやすい。彼らは猛烈な勢いでコンテンツを繰り出し、（どれか一つでも聞き手の心に残ることを期待しながら）所定のリストを全部こなそうとする。しかし、本当に大切なのは「何を省くべきか」であり、（レベルダウンや過度な単純化に陥ることなしに）「できるだけシンプルな方法でメッセージを伝えること」なのだ。鍵になるのは言葉の選び方である。一番多くしゃべったからといって、賞が貰えるわけではない。大切なのは「量」ではなく「質」であり、「わかりやすさ」だ。かつて、ジャズ・ミュージシャンのディジー・ガレスピーは「何をプレイすべきではないかがわかるのに一生かかった」と語っている。「念のために」あれこれ付け加えたいという誘惑に打ち勝つのは難しい。しかし、脳には休息が必要だ。本質とは無関係な要素を省き、最小限の言葉でシンプルに語りかけることによって、わかりやすく、スムーズなプレゼンテーションが生まれてくる。

「B」キーを使う

スライドウェアを使ってプレゼンテーションを行う際に、最も役に立つ「キーポイント」の一つは、「B」キーである。PowerPointやKeynoteの使用中に、キーボードの「B」キーを押すと、画面が真っ暗になる（一方、「W」キーを押すと、画面は真っ白になる）。あえて真っ黒なスライドを挿入し、聴衆の関心をスクリーンから完全にそらすという方法もある。「B」キーが役に立つのは、例えば、スクリーン上のビジュアル情報から逸脱した（ただし、トピッ

クと関連のある）ディスカッションが自発的に始まった場合である。「B」キーを押して画面を真っ暗にすれば、（気をそらしかねない）ビジュアル情報は消え、全員の視線がプレゼンターやディスカッションの参加者の方に集まるようになる。スライドに戻りたいときは、もう一度「B」キーを押すだけでいい（この機能はたいていのリモコンにもついている）。そうすれば、再びスライドが表示される。

時間オーバーは厳禁である

　持ち時間を過ぎても話し続けることは、聴衆に対して失礼だ。プレゼンテーションが少々早く終わったからといって、文句を言う人はいない。しかし、延長したときは、多くの人々が（少なくとも心の中で）不満を訴えるだろう。私はいつも人々に日本の「腹八分」の考え方を取り入れるように勧めている。これは伝統的な食に関する理念の一つであり、「腹を八割ほど満たしたところで箸をおくこと」という意味だ。伝統的な日本食は多様性に富んでおり、新鮮な野菜、米、魚介類を中心に構成されている。そして、力士をめざしている場合は別にして、通常は、限界まで食べ続けることは避けた方が、礼儀にかなっている。満腹になるまで食べる必要はない。腹八分に抑えた方が、むしろ満足感が高くなり、食後もすっきりした気分でいられることが多い。

　腹八分は、より長く、充実した人生を送るための基本原則として確立されている。「自制心を発揮し、限界まで詰め込むのをやめる」という考え方は、会議やプレゼンテーションにも応用可能だ。うんざりするほど長いスピーチで聴衆に愛想を尽かされるより、予定より早めに終了し、聴衆にもっと聞きたいと思わせる方がずっといい。ほぼ満足だが、もう少し聞きたいような気もする——聴衆からそんな意見が聞こえてきたら、そのプレゼンテーションは成功したと言えるだろう。

スティーブ・ジョブズの基調講演に学ぶ
プレゼンテーションの秘訣

　Appleのスティーブ・ジョブズは、マルチメディアを使い、魅力的なスタイルでプレゼンテーションを行う人物の代表例だ。紹介している製品が素晴らしいのも確かだが、それをアピールする彼自身の手腕もまた驚くべきものがある。いいコンテンツは、優れたプレゼンテーションに欠かせない条件だが、それだけでは十分とは言えない。ジョブズはしっかりしたコンテンツと、素晴らしいパフォーマンスの両方を備えている。ジョブズの名声と、わくわくする新製品が揃っていれば、プレゼンテーションを成功させるのは簡単だ

写真提供：ゲイル・マーフィー

──そう思う人もいるだろう。事実はその正反対である。名声の高さゆえに、彼の基調講演にかかる期待は恐ろしく高く、その期待を上回ることは不可能に近くなっている。数年前、ジョブズの基調講演の後に、誰かがこんな軽口をたたいたこともあった。「こうなったら『宇宙人との遭遇』でも発表しない限り、ジョブズは常に『期待はずれ』と言われ続けるだろう」「とんでもなく素晴らしい」という評判を勝ち取ることにはマイナス面が存在する──常に、前回のパフォーマンス（または前回の製品、アルバム、本など）の出来を上回ることを期待されてしまうのである。それはある意味ではうれしい悩みだが、真の難題であることに変わりはない。私は数年にわたって、presentation zen ウェブサイト上で、ジョブズのプレゼンテーションに関するさまざまな文章を書いてきた。ここでは、彼のプレゼンテーションスタイルから学べるいくつかの教訓を紹介したいと思う。

● **聴衆と親密な関係を築く。**　ジョブズは通常、堅苦しい紹介のアナウンスもなしに、笑みをたたえながら、さりげなくステージに登場する。そして控え目でありながら自信に満ちたパーソナリティをステージ上で発揮する。人々は話し手の自信に引き付けられる──しかし、その自信は謙虚さと相まったものでなければならない。ジョブズはステージ上の自然な動作、アイコンタクト、気さくな態度によって、聴衆との一体感を確立する。

- **プレゼンテーションのロードマップを与える。**　（悪名高いおなじみの）「目次スライド」を使う必要はない。しかし、人々に先の見通し――これから始まるプレゼンテーションという旅のロードマップ――を与えることは大切だ。ジョブズの場合、「ようこそ」と、謙虚な「ありがとう」の言葉で軽く聴衆の心をつかんだ後、いきなり本題に入る。「今日、あなたがたに話したいことが4つあります。では、さっそく始めましょう」。その4つが何なのかは、まだ明らかにされないかもしれない。しかし、講演が4つの大きな部分から成り立っていることを知るだけでも、聴衆にとっては助けになる。ジョブズは1つのテーマを、3～4つのパートを使って語ることが多い。

- **熱意を見せる。**　時には自分の情熱にブレーキをかけたくなることもあるだろう。しかし、大半のプレゼンターは、情熱過多というより、むしろ情熱が不足していると言える。確かに、研究者による医療関係のプレゼンテーションと、CEOの基調講演を同列に扱うべきではないかもしれない。しかし、どちらのケースも、しかるべき熱意を見せることで、状況は一変する。ステージに登場してわずか数分のうちに、ジョブズの口からは「信じられない」「途方もない」「最高の」「驚くべき」「画期的な」といった言葉が飛び出してくる。そうした言葉に違和感を覚える人もいるかもしれない。「大げさすぎる」「誇大宣伝だ」という意見もあるだろう。だが、これらはスティーブ・ジョブズの本心から出た言葉だ。彼は誠実そのものであり、そこには本物の迫力がある。重要なのはスティーブ・ジョブズの真似をすることではなく、自分なりの情熱を自覚し、その素直な熱意をプレゼンテーションに注ぎ込み、世間に見せつけることである。

- **明るく、前向きで、ユーモアのある態度を心がける。**　ジョブズはごく真面目な人間だ。しかし、自分のコンテンツの価値を本当に信じているからこそ、彼はきわめて情熱的に振る舞う。ジョブズは苦境にあっても、未来に対して明るく前向きな姿勢を崩さない。こうした信念はごまかしが効かない――コンテンツの価値を心から信じていなければ、聴衆を納得させることはできないのだ。さらに、ジョブズはスピーチにちょっとしたユーモアを取り入れている。といっても、ジョークを言ったりするわけではない。彼のユーモアはもっとさりげないものだ。トピックに即した、ちょっとしたアイロニーで人々をクスリとさせれば、プレゼンテーションはますます魅力的なものになる。

●**大切なのは数字ではなく、その意味である。**　テクノロジー系企業の基調講演と、学会の科学プレゼンテーションは別物である。しかし、「大切なのは数字ではなく、その意味である」という点では、どちらも共通しているのではないだろうか？　あなたのコレステロール値は199mg/dl、国民の平均値だ。これはいいことだろうか？　もっと上げるべきか、それとも下げるべきか？「平均値」であれば健康と言えるのか？　何と比べて健康なのか？　スティーブ・ジョブズは基調講演で数字に触れるとき、それをわかりやすく説明することが多い。例えば、彼はこう告げる——「iPhoneは400万台を売り上げました。つまり、発売以来『一日に2万台』売れたということです」。マーケットシェアが20％というのはどうだろうか？　この数字を聞いただけではピンとこないだろう。しかし、彼がその数字を業界他社と比較した場合、その意味はぐっとわかりやすくなる。

写真提供：Macworld.com

●**ビジュアル志向で行く。**　ジョブズは巨大なスクリーンと高品質のグラフィックを活用している。画像は鮮明で、プロフェッショナリズムと独自性に溢れている（もちろん、テンプレートとは無縁だ）。表やグラフはシンプルかつ、明快そのものである。そこには「箇条書きによる死」は存在しない。彼は主にビジュアルを表示するためにスクリーンを使っている（短いリストを見せることもあるが、ごくまれである）。ジョブズは意図が一目でわかるような形でデータを表示していく。

●**あっと驚くような要素を取り入れる。**　言うまでもなく、ジョブズのプレゼンテーションには、常に何らかの新しい要素が含まれている。しかし、それとは別に、彼は毎回、聴衆にちょっとした驚きを用意している。人間は予想外の出来事や、「へえ！」とうなってしまうような事実に目がない。脳は目新しさや意外性に飢えているのだ。

●**必要なものだけを盛り込む。**　ジョブズのスピーチは、はっきりしたセクションに分かれており、通常その数はわずか3つに過ぎない。彼は内容を詰め込み過ぎることを、断固として避けている。何もかもスピーチに盛り込もうとするのは無理だ——プレゼンターは

差し当たって重要なものを選び出し、残りは全部捨てなければならない。多くのプレゼンテーションが失敗に終わる原因は、あまりにも多くの情報を盛り込み、脳が拒否反応を示すような、ごちゃごちゃした方法でそれを表示しているからだ。

● **ペースに変化を持たせ、異なった手法を取り入れる。** ジョブズは緩急の変化をつけるのが得意だ。彼はまた、異なった手法を取り入れることによって、プレゼンテーションの流れを変えることに長けている。ジョブズは一カ所に立ったまま、延々と話し続けたりしない（それは最悪のやり方だ）。代わりに彼は、ビデオクリップ、写真、物語、データ、ゲスト・スピーカー、ハードウェアやソフトウェアのライブデモといった手法を、巧みに組み合わせている。1〜2時間もの間、ひたすら情報を語り続けるのは、聴衆にとって（あるいはプレゼンター自身にとって）あまりに退屈すぎる。単に情報や新機能だけを語りたいのなら、それらを文書にまとめて読んでもらった方がずっと効率的だ。

● **一番いい部分は、最後まで取っておく。** 人々は最初の2分であなたのパフォーマンスを評価しようとする。従って、インパクトのあるオープニングは不可欠だ。しかし、エンディングには、それを上回るインパクトが必要になる。人々の記憶に一番残るのは、最初と最後の部分である。もちろん、その中間も重要ではある。しかし、最初か最後のどちらかをしくじった場合は、全てが台無しになりかねない。だからこそ、オープニングとエンディングのリハーサルを徹底的にやる必要があるのだ。ジョブズは「さらにもう一つ（ワン・モア・シング）」と言いながら、最後にとっておきのスライドを見せることで有名だ――そのスライドが出れば、彼の講演は終了である。

● **適切な長さを心がける。** ジョブズは決して不要な細部を盛り込んだりせず、必ず時間通りに講演を終了する。長すぎるプレゼンテーションの弊害を自覚している彼は、素早く、スムーズに本題に入る。そのトピックがなぜ重要で、興味深く、有意義なのかを20分以内で説明できなければ、十分にトピックを知り尽くしているとは言えない。コンテンツの質を保ちつつ、できるだけコンパクトなスピーチを作成するようにしよう（ただし、ケースバイケースの対応も忘れてはならないが）。大切なのは、聴衆を「腹一杯」にすることではなく、終わった後に「もっと聞きたい」と思わせることなのだ。

聴衆の参加を促す

　デヴィッド・シベットは、集団の視覚的思考に関する第一人者である。シベットの理論によれば、ミーティングとは、参加することに重点を置いた、真に対話的・共同的なものでなければならない。最新作『Visual Meetings』（Wiley）において、シベットはこう語っている。「相手を引き込むための鍵は『参加』にある……　従って、人々を魅了するためには、まず相手の話を聞き、心のつながりや信頼関係を築かなければならない」。人々の心を動かし、何らかの変化をもたらしたい場合は、聴衆を巻き込んだアクティビティが役に立つことが多い。「人々は（たとえ専門家の意見であれ）外部から押しつけられた考えより、自分たちのグループから生まれた考えを受け入れ、実行しようとする傾向がある」シベットは言う。彼は（視覚的思考や参加者主体のアイデアの視覚化を通じて）人々がアイデアをはっきりと具体化できるよう手助けする、会議の進行役（ファシリテーター）である。セミナーや会議が終わる頃には、部屋の壁じゅうに大きな紙が何枚も貼られ、そこには参加者たちによるスケッチ、マップ、コラージュなどが描かれている。これらの絵や図は、ディスカッションの流れや、その過程で生まれた共同作業を視覚化したものである。このような視覚化のプロセスは、参加者の関与の度合いを大いに高めてくれる。

　プレゼンテーションの持ち時間はせいぜい20分から1時間であり、こうした大規模な共同作業を行う時間やツールに欠けているかもしれない——しかし、会議の進行促進（ファシリテーション）に対するシベットの姿勢は、プレゼンテーションにも応用できるはずである。つまり、プレゼンターはできるだけ聴衆を巻き込み、実際に「何かをやってもらう」必要があるのだ。

実体験を与える

　孔子は「聞いたことは忘れる。見たことは覚える。やったことはわかる」と言った。ベンジャミン・フランクリンも似たような発言をしている——「言われたことは忘れる。教わったことは覚える。やったことは身に付く」。人間は実践によって学ぶ——それなのに、実体験の機会がこれほど少ないのはなぜだろうか？　プレゼンテーション、講演、授業は、ほんの短時間で終わってしまう。ならば、人々の好奇心に火を点け、彼らが（自分のペースで、そして自分に一番合った方法で）トピックについて自主的に学び続けたくなるように促す

べきではないだろうか？　例えば、「箇条書きスライド」を使った場合、情報は全然伝わってこないし、記憶にも残らない。しかもそれは（居眠り以外に）全く行動を促してはくれない。

　聴衆に体験型のアクティビティを与えることは重要だ。2009年、ウェブサイトLab Out Loudのポッドキャストにおいて、著名な天体物理学者ニール・ドグラース・タイソン博士——私のお気に入りの演説家であり、『21世紀のカール・セーガン』と呼ばれている人物——は、「体験の重要性」について以下のように述べている。

　　　本から得た知識に比べて、何かを実体験することは、人々の記憶力にはるかに深い影響を与える。ならば、単なる「授業計画」を「トピックに関する実体験」に変える方法を考え出してはどうだろうか。こうした「実体験」は学生たちの心に火を点け、情熱を煽ってくれる。その時点では、学生たちが試験でどんな成績を取ろうが関係ない。彼らはすでに向学心に燃えているからだ。たとえ試験で「A」が取れなくても、彼らは情熱の赴くままに、関連本を買いに出かけたり、ディスカバリー・チャンネルやPBS（公共放送サービス）のドキュメンタリーを見まくったりするだろう。見るがいい——あなたは一人の「学ぶ人間」を世に送り出したのだ。それは教師にできる最大の仕事である。（相手がどんな学生であれ、教科が何であれ）学生の好奇心に火を点けるためには、情熱的な教師の存在が欠かせない。彼らの向学心を煽ることは、教科を問わず、あらゆる教師にとっての義務である。
　　　　　　　　　　　　　　——ニール・ドグラース・タイソン博士

　タイソン博士はここで教育というテーマについて語っている。しかし、彼の考え方を、より広い文脈でプレゼンテーションに取り入れることは可能だ。退屈な講義が好ましくないのはいつの世も同じである。しかし、今日の学生やプロフェッショナルは、過去の世代よりはるかに多くの娯楽や動的メディアに囲まれている。聴衆はできる限り「今、この瞬間」に集中する義務がある。しかし、彼らにプレゼンテーションへの積極的な参加を促す最終的な責任は、プレゼンターの側にある。

「美的な体験」を提供する

　ケン・ロビンソン卿は、先日、ロンドンの王立芸術協会で教育に関するスピーチを行った際に、授業に退屈し、注意散漫になっている学生を罰すること——さらには、そうした生徒の多くをADHD（注意欠陥・多動性障害）扱いし、投薬によって落ち着きや集中力を取り戻させること——の危険性について触れている。「私はADHDという障害が存在しないと言っているわけではない。しかし、それは世間で言われているような忌むべき流行病ではない」ロビンソン卿は言う。次に彼は、アートを例に挙げ、学生のあらゆる感覚に働きかけることや、何かを学びとれるような豊かな体験を提供することの大切さを強調している。

> 　アートは「美的な体験（エステティック）」というテーマにとりわけ積極的に取り組んでいる。「美的な体験」を味わっているとき、人はあらゆる感覚をフル回転させている——今、この瞬間に集中し、その体験が与えてくれる興奮と共鳴し合っている。本当の意味で生きているのだ。一方、「麻痺状態（アネステティック）」とは、あらゆる感覚を閉ざし、外界に対して、全く反応を示さない状態を意味している。
> 　人々は子供たちに麻酔をかけ、麻痺状態（アネステティック）にすることによって、教育を推し進めようとしている。しかし、我々が本当にやるべきなのは、それとは正反対のことである。我々は子供たちを眠らせるのではなく、彼らを目覚めさせ、内なる可能性に気付かせるべきなのだ。
>
> 　　　　　　　　　　　　　　　——ケン・ロビンソン卿

　通常、我々は「美的な体験」とプレゼンテーション、講演、スピーチ全般を結び付けて考えることはない。だが、むしろそうするべきではないだろうか？　プレゼンテーションやスピーチこそ「美的な体験」であるべきだ。聴衆が生き生きとその瞬間を楽しみ、（人々の共感を呼び、参加を促すような）プレゼンターのメッセージを全身で受け止めている——そんなプレゼンテーションを体験できる人は幸せ者である。スピーチや教育はアートではない。しかしそこにはアートの要素がある。我々が聴衆と触れ合い、一体感、参加、対話を生み出し、何らかの変化を引き起こしたとき、その行為は科学というよりはアートに

近くなる。聴衆や学生の一人一人には、スピーカーの話を理解しようと努力する責任がある。しかし、「彼らを目覚めさせ、内なる可能性に気付かせる」責任を負っているのは我々である。我々は今日的な意味のあるコンテンツを作成し、参加や対話を通じて聴衆を巻き込み、彼らの情緒や感覚（例えば、好奇心や発見の喜び）を刺激するような情熱的なプレゼンテーションを行うことによって、その責任を果たさなければならない。

会話的な口調には参加を促す効果がある

　聴衆に物理的に何かをさせることが常に可能なわけではない。しかし、人間味のある、会話的な口調で語りかけることによって、彼らの参加意識を促すことは可能である（会話的な口調については、第1章でも取り上げている）。
　Jolt 賞を受賞したコンピューター関連図書、Head First シリーズの共同制作者であり、人気スピーカーでもあるキャシー・シエラは、「我々の脳は会話を求めている」と言う。Head First シリーズはユニークな特長を持った本だ――それは解説や技術情報を、ビジュアル志向で、会話的な、魅力あるスタイルで伝えている。ソフトウェアのコードを書くことには興味のない私だが、数年前、『Head First デザインパターン：頭とからだで覚えるデザインパターンの基本』（オライリージャパン）を購入したことがある。なぜなら同書は、ともすれば無味乾燥になりがちな技術情報を、レベルを落とすことなしに、魅力的な形で伝えている好例だからだ。
　書籍であれ、講義であれ、読者や聞き手に会話調で語りかけるという方法は、最も優れたアプローチであることが多い。シエラは言う。「トピックの難易度が高くなればなるほど、よりわかりやすい説明ができるように全力を尽くさなければならない」
　情報を会話調で伝えた場合、聞き手の脳は自分が会話に参加しているような気分になり、当事者としての責任から、話をきちんと聞くようになる。何といっても、会話は双方向的なものなのだ。
　「一概には言えないかもしれないが」と前置きした上で、シエラは言う。「講義や教科書（さらに言えば広告メッセージ）で改まった言葉遣いをするのは、人にどう思われるかを気にしているからだ。ユーザーのことだけを考えていれば、もっとくだけた口調を取り入れようとするに違いない」。

専門用語だらけの堅苦しい言葉遣いは、コミュニケーションの大きな障壁となり、聴衆の参加を阻んでしまう。一方、のびのびとした人間味のある口調は、聴衆の脳に働きかけ、集中力や参加を促してくれる。スピーチ技術は完璧でなくてもいい。非の打ちどころのない洗練されたスピーチは、むしろ聴衆との距離感を広げることもある。そこには真実味が欠けているからだ。人それぞれ、状況は異なるだろう。しかし通常は、演台など使わずに、打ち解けた、素直な口調でスピーチをするのが一番である。人はのびのびとした、自然な語り口に対して自ずと耳を傾けようとする。賢明なる聴衆への敬意が伝わるように、真摯に語りかけよう。

人々の参加を促す方法

　人々に参加してもらうことによって、プレゼンテーションにメリハリをつけ、会場に活気をもたらし、コンテンツを印象的で魅力のあるものにすることができる。プレゼンターは聴衆に、単なる傍観者ではなく、当事者であるという実感を持たせなければならない。とはいえ、トリックや仕掛けに頼る必要はない。ちょっとしたテクニックを使えば、人々をプレゼンテーションに巻き込み、より豊かで価値ある体験を与えることができる。

● **質問を投げかける。**　最も簡単なのは、聴衆に質問を投げかけることだろう。「次に何が起こったと思いますか？」「過去5年で円相場はいくら上がったと思いますか？」会場の規模が大きく、聴衆の答えを聞き取るのが難しい場合は、全体に向かって修辞疑問文（答えを必要としない疑問文）を投げかけるのもいい。

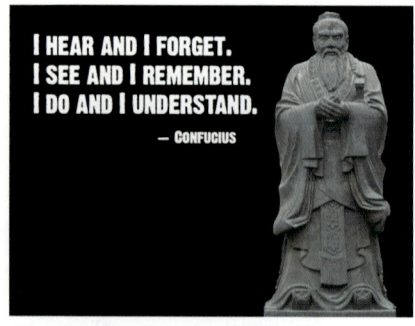

スライドの画像は iStockphoto の提供による

大切なのは数字ではなく、その意味である

　私はハンス・ロスリングの大ファンだ。彼はストックホルムのカロリンスカ研究所の公衆衛生学の教授であり、ギャップマインダー財団の共同設立者である。ロスリングは統計データのプレゼンテーションにかけては達人だ。彼はまた、最も人気のあるTEDスピーカーの一人でもある。ロスリングは、「統計データは決して退屈なものではない」という周知の事実を改めて証明している。同時に彼は、データを示すだけでは十分ではないことを教えてくれる。大切なのはデータの「意味」だ。統計データには物語がある。

ハンス・ロスリング
（写真提供：ステファン・ニルソン）

　ギャップマインダーのソフトウェアのデータ表現は魅力的だ。それはデータを鮮やかに描き出している。聴衆は思わず身を乗り出し、データに目を凝らす。しかし、真に聴衆を魅了し、「データ研究への参加」を促しているのは、ロスリングのパフォーマンスである。ロスリングは飾らない態度で、ユーモアを交えながら、情熱的にスピーチを展開する——彼は論点やスピーチの流れを完全に把握している。ロスリングのグラフィックスを読み取るのは簡単だ。それでもなお、彼はアニメーションをスタートさせる前に、縦軸・横軸の変数や、円の大きさや色の意味を説明する時間をあえて設けている。アニメーションが展開するにつれて、彼はリアルタイムで動きの意味を説明していく。ロスリングは演台にじっと立ったまま説明を行ったりしない——彼はスクリーンに近づき、データと積極的に絡み、聴衆にもそれを要求する。

　ロスリングのプレゼンテーションの魅力は、データの視覚化だけではない。何よりも、「彼自身」が人の心をつかんで離さないのだ。ロスリングはデータに意味を与え、重要点を際立たせ、方向性を与えることによって、データ表現に付加価値をもたらしている。彼はエネルギッシュな独特の語り口で聴衆をデータの中に引き込んでいく——「わかりますか？　ほら、見て下さい！　すごいですよね！　次はどうなると思いますか？　びっくりしたでしょう？」単に数字を見せるだけでは十分ではない。聴衆の前に立つ以上は、「そのデータは何を意味するのか」「なぜか？」「比較の対象は？」といった情報を与えるべきである。

第5章　「ペース」に気を配り、聴衆の「参加」を促す

Q&Aの時間を最後まで取っておく必要はない。プレゼンターの側から質問する場合はなおさらそうだ。聴衆に向かって時々質問を投げかければ、スピーチが会話的な色合いを帯びてくる。「すごいと思いませんか？」「ちょっと意外な結果だったでしょう？」といった修辞疑問文を取り入れるだけでも、聴衆の存在をきちんと認めていることのアピールになる。

● **ビデオクリップを見せる。**　短い動画（生きた実例を示し、論点を説明し、コンセプトを紹介するもの）を見せることは、プレゼンテーションにメリハリを与え、より豊かな体験を生み出してくれる。「この映像の中から〇〇を探して下さい」といった指示を与えれば、聴衆はますますその動画から目が離せなくなる。

● **画像やグラフを見せる。**　ビジュアルは（単なるデコレーションとして使われる場合を除いて）大量の情報を提供し、見るものにさまざまな解釈を迫ってくる。人間は読むことと聞くことを同時にこなせない。しかし、トピックに関連する「画像」を見ながら話を聞くことについては非常に長けている。そういう意味で、ビジュアルはきわめて有益である。聴衆に「この画像の中から〇〇を探して下さい」といった指示を出したり、ビジュアルの解釈や分析をさせたりすることによって、彼らのプレゼンテーションへの関与を高めよう。「使用前と使用後」「当時と現在」といった対照的な画像を見せることは、見る者を引き付けるとっておきの方法だ。強烈な感情を呼び起こす画像も同様に効果的である。その画像が適切なものであれば、高まった感情によって集中力が増し、メッセージが頭に焼きつくようになる。遠い国で起こった洪水は、我々にとって抽象的な出来事に過ぎない。しかし、洪水の被害を生々しく伝える衝撃的な画像を見たとたんに、それはリアルな出来事として見る人の心に深く訴えかけてくる。2009年のTEDトークで、情報デザイナーのトム・ウージェックは、画像を3つの方法で使うことを提案している。それは（1）アイデアを明確化する、（2）アイデアに深く引き込む、（3）持続的に展開していくビジュアルによって記憶を強化する、の3つである。

● **アンケートを取る。**　私はかつてスピーチをこう切り出した女性プレゼンターを見たことがある――「みなさんの中に、世界の女性人口は、男性人口より多いと思っている方はどれくらいいますか？　手を上げてください。はい、ありがとうございます。では、男性の方が多いと思っている方は？」会場にいる人々の大半は、女性人口の方が多いと思っていた――なぜなら、先進国では概してそれが真実だからだ。実は男性人口の方が多いと聞いて、彼らは非常に驚いていた。聴衆の心をすっかりつかんだプレゼンターは、続いて、こうした統計データが存在する意外な理由を説明し始めたのだった。

● **ロールプレイを取り入れる。**　ロールプレイは、医療サービスや教育現場といった、よりヒューマンな分野の実験に応用できる。概して、我々はロールプレイを（子供のように）もっと真剣に受け止めるべきだ。ロールプレイは、ユーザーの身になってものを考え、他者の視点から世界を眺める上で重要である。ロールプレイは共感のためのツールだ。トレーナーや会議の進行役（ファシリテーター）は、現実世界のシミュレーションを行うために、ロールプレイを取り入れている。

● **短時間のブレインストーミングを行う。**　本格的なブレインストーミングはかなり時間がかかる。その代わりに、聴衆を小さなグループに分け、短時間のブレインストーミングを行わせるといいだろう。そこでは、ある特定の問題に関して、できるだけたくさんのアイデアを生み出すことだけを目標にしてほしい。小さなグループでは、比較的気楽に意見が出せるため、より多くの人々に参加してもらうことができる。所定の時間が過ぎたら、各グループの意見を3つに絞ってもらい、それらを簡単に発表してもらったり、全員が見えるようにホワイトボードに書いてもらったりしよう。

第5章　「ペース」に気を配り、聴衆の「参加」を促す　155

● **聴衆をステージに上げる。** ショービジネスでよく使われるテクニックに、客の一人をステージに上げて、パフォーマンスに参加してもらうというものがある。聴衆の手を借りてメッセージを訴えれば、彼らは自分もスピーチに参加しているような気分になる。例えば、ボディランゲージやパーソナルスペースについて説明する場合、私は2～3人の客をステージに上げ、文化によって快適な対人距離が異なることを実演してもらう。こうすれば、コンセプトを目に見える形で表現し、客席の一体感を高め、（遊び心の加わった実演によって）多くの笑いを誘うことができる。

● **自分の手を使って何かを作り出してもらう。** 遊び心や創造精神を育む活動、実践的な学習、試験的な創作——こうした機会は、小学校の子供たちには豊富に用意されているが、学年が進むにつれてほぼ消えてしまう。大人の働くオフィスはさらにひどい状況にある（ポストイットや赤いホチキス〔映画『Office Space』の登場人物のお気に入りの文房具〕を除いて、遊び心を感じさせる要素など一つもない）。我々はもっと「自分の手を使って」アイデアを生み出さなければならない。デザイナーはこれを「建設的な遊び」と呼んでいる（子供たちは常にそれを実践している）。大人もまた、こうした活動——いわゆる「手を使って考えること」——を取り入れることができるはずだ。プレゼンテーションの状況によっては、さまざまな制約が存在するだろう。そうした制約の中で、一体どのようなコンテンツを使えば、参加者たちに「建設的な遊び」を体験してもらえるだろうか？

● **アイデアをざっと書き出してもらう。** 少なくとも、自分の手を使って紙にアイデアを書き出してもらうことは可能なはずだ。こうしたアクティビティは、個人でも、小さな集団でも行うことができる。アイデアをざっと書き出すという行為は、あらゆる問題に応用可能だ。例えば、参加者にその街にとっての理想の鉄道システムについて概略を練ってもらい、それをみんなの前で発表してもらうこともできる。

● **制限時間つきのゲームを取り入れ、緊迫感を生み出す。** 強い不安感は学習にマイナスの効果を及ぼすこともある。一方、遊び心を伴ったほどよい緊迫感は、覚醒度や集中力、記憶力を高めてくれる。

- **グループに分かれてディスカッションを行う。**　大人数を相手に話をする場合は、彼らを小さなグループに分け、課題を与えてディスカッションをさせるといい。ただし、はっきりした目的と、一定の制限時間を定めておく必要がある。脳が新しい情報を処理するには時間がかかる。少人数でディスカッションをさせることによって、テーマを自分の言葉で語り、他の人々と理解を確かめ合うチャンスを彼らに与えることができる。

- **空所を埋めていく。**　日本には、テレビタレントのみのもんたが使う「もんたメソッド」という手法がある。これは穴埋めテストによく似たものだが、唯一の違いはボードの上に文章が書いてあり、答えの部分が紙で覆われているという点だ。観客はその答えが何か当てようとする。司会者が紙をはがすと、正解が現れる。それはたいていショッキングな内容であり、観客全員が思わず引き込まれ、笑い声を上げたり、えーっと驚いたりする。こうした観客との触れ合いや意外性——そして、空白部分の内容を全員で予想しているときの会場の熱気——これらが相まって、コンテンツをより印象的なものにしている。

これは日本で行われた私のセミナーの、開始10分後の様子である。参加者全員が立ち上がって、コンテンツに関連したアクティビティを行っている。コンピューターが聴衆からは見えない場所（ステージ手前）に設置されていることに注目してほしい。大きな演台はすでに取り払われている。

● **事例研究を用いる。**　私は時々「危機的事例(クリティカル・インシデント)」と呼ばれる事例研究(実際に起こった異文化間の衝突について記述したもの)の資料を配布することがある。各グループはそれぞれ違った事例研究を読み、衝突の根本的な原因について話し合い、解決策を考え出す。次に、一つ一つのグループが(事件の実演やコメントなどを交えながら)全体に向かって、結果報告を行う。

● **聴衆の想像力を刺激する。**　想像力は人間の知性の最も際立った特徴の一つである。それにも関わらず、大半のプレゼンテーションは、聴衆に対して想像力を要求することもなければ、創意に富んだ洞察を披露してくれるように求めることもない。人々に「もし〜ならどうしますか？」といった「仮想的質問」を投げかけてみてほしい。あるいは、彼らに心ゆくまで空想にふけってもらい、特定の問題に対する「突拍子もない」解決策を生み出してもらおう。

まとめ

- 人間の集中力は長続きしない。人々の関心を維持するためには、約10分ごとにギアチェンジを行い、何か違ったことをやらなければならない。「感情誘発刺激（ECS）」を取り入れることで、聴衆の関心を引き上げ、記憶力を向上させよう。

- 話すスピードに変化をつけ、自然な抑揚を持たせよう。無駄な要素を排除し、最小限の言葉でシンプルに語りかけるべきだ。早口にならないように注意してほしい——緊張しているときは、ゆっくり話すように自分に言い聞かせよう。

- 聴衆の反応に気を配ることで共感をアピールしよう。また、彼らの要望に合わせて、臨機応変に計画を変更できるようにしておこう。

- 聴衆の関心を維持する方法の一つは、彼らに参加してもらうことである。「質問を投げかける」、「ビデオクリップを見せる」、「ロールプレイを取り入れる」、「ディスカッションをさせる」——人々をプレゼンテーションに巻き込む方法はたくさんある。また、会話的なくだけた口調は、聴衆の参加意識を促し、彼らとメッセージを分かち合うことを可能にしてくれる。

人間にはバイタリティー、生命力、
エネルギー、命の輝きがある。
それらは行動を通して表れる。
自分という存在は、
後にも先にも一人しかいない。
だからこそ、あなたの表現は
かけがえのないものなのだ。

―― マーサ・グラハム

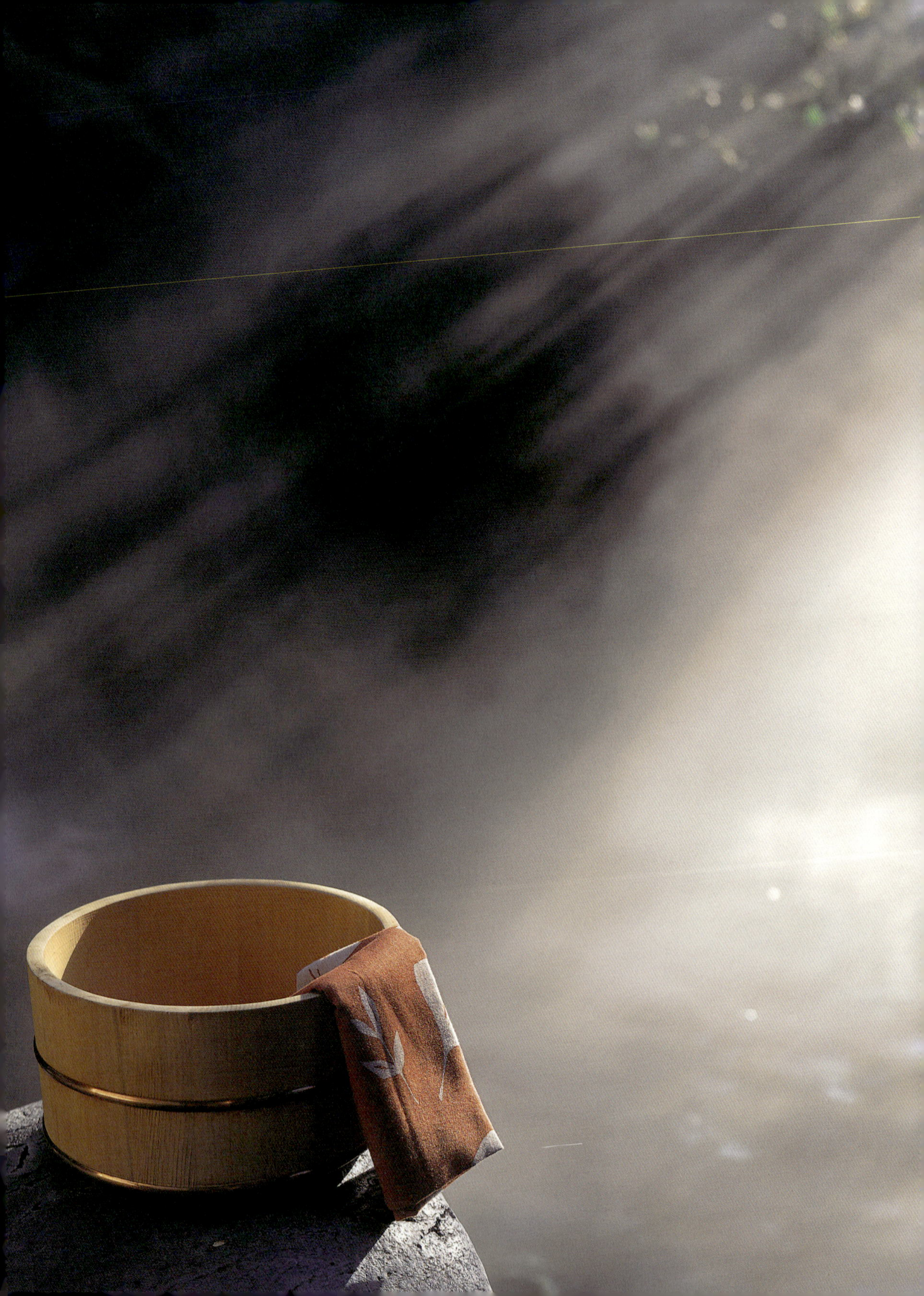

6

インパクトのある
エンディングを演出する

　第3章で述べたように、オープニングには「PUNCH」が必要である。プレゼンターはいきなり聴衆の心をつかまなければならない。なぜなら「初頭効果」の原則によれば、メインのスピーチの内容より、プレゼンテーションの冒頭で体験したことの方が、聴衆の記憶に残る可能性が高いからだ。オープニングのインパクトはきわめて重要である。しかし、エンディングのインパクトもまた、それと同じくらい大きな意味を持っている。「新近性効果」（最後に提示されたトピックに人々の注目が集まるという現象）は、エンディングの出来事の方が（中間部分よりも）はるかに人々の記憶に残りやすいということを示唆している。人はプレゼンテーションやその他のイベントの最初と最後の部分だけはよく覚えているものだ。読者も経験上それを知っているだろう。お気に入りの映画のラストシーンや、コンサートの最後の一曲なら思い出せるが、中間部分となると、記憶があいまいなことも多い。エンディングが聴衆に及ぼすインパクトには相当なものがある。だからこそ、華々しく幕を閉じることが重要なのだ。本章では、力強いエンディングを生み出す方法を考察していこうと思う。

心に残るエンディングを生み出す

　真に効果的なプレゼンテーションとは、聴衆に何らかの変化をもたらすものでなければならない。エンディングのインパクトの大きさは、プレゼンターのメッセージがどれだけ聴衆の共感を呼び、変化のきっかけを生み出したかによって決まる。アイデアやエネルギー

が他者に伝わり、彼らに変化をもたらしたとき、あなたは真に心に響くメッセージを打ち出すことができたと言える。こうしたメッセージは、会場を去った後もずっと人々の心の中に生き続け、常に刺激を与えたり、感情を呼び起こしたり、行動を促したりする。それはもはや「あなたのメッセージ」ではない——「彼ら自身のメッセージ」なのだ。

　人々の関心を最後まで維持し、インパクトのあるエンディングを生み出すためには、聴衆をよく理解しなければならない。デュアルテ・デザイン（受賞歴を持つデザイン会社）のCEOであるナンシー・デュアルテは、ベストセラー『resonate:Present Visual Stories that Transform Audiences』（Wiley）においてこう語っている。「聴衆があなたに合わせる必要はない——あなたのメッセージを聴衆に合わせるべきなのだ」。優れたプレゼンターは聴衆の心を真に理解し、「彼らの琴線に触れるようなメッセージを作り上げる」と彼女は言う。

　聴衆を魅了する、印象的なエンディングを確実に生み出す方法の一つは、「心に残る（スティッキー）」メッセージを用意することだ。こうしたメッセージは、人々の深い共感を呼ぶ。2007年、チップ・ハースとダン・ハースは、ベストセラー『アイデアのちから』（日経BP社）を発表した。同書は、より印象的でインパクトの強いアイデア——つまり「心に残る」アイデアを生み出すためのシンプルな助言を提供している。彼らは最も心に残るアイデアやメッセージには、6つの共通要素が含まれていることを発見した。その要素とは「単純明快」「意外性」「具体性」「信頼性」「感情に訴える」「物語性」である。これらの要素はプレゼンテーションのどの部分に盛り込んでもいいが、とりわけ結びの言葉に取り入れると効果的である。エンディングのスピーチやメッセージが印象的であればあるほど、それらは記憶に残り、行動を促してくれる。では、6つの要素を概説していこう。

1. **単純明快である。**　少ないもので用が足りるなら、それ以上足すべきではない。とりわけ、スピーチの終盤ともなれば、聴衆はすでに多くの話を聞かされている。ラストメッセージは断固としてシンプルにすべきだ。「最小の手段を用いて最大のインパクトを与える」という観点で考えよう。ハース兄弟によれば、「単純明快」なメッセージに必要なのは「レベルを下げることではなく、洗練度を上げ、優先順位をはっきりさせること」である。不要な細部を取り除き、メッセージの核を明らかにすることによって、洗練を極めたエンディングを生み出そう。

2. **意外性がある。**　エンディング以前の時点で、すでに「意外性」の力を活用し、聴衆の好奇心をかき立てることに成功した人もいるかもしれない。エンディングについては「アハ体験」を取り入れるのもいいだろう——つまり、前もって問題を与え、後に正解や解説を示すことによって、「ああ、なるほど！」という瞬間を生み出すのである。例えば、トピックに関連する、意外性や謎に満ちた物語でスピーチを切り出した人もいるだろう。その場合、エンディングで謎を解き明かしたり、解決策に導いたりすればいい。エンディングに意外性を取り入れるもう一つの方法は、型通りの締めくくり方（「他に質問はありませんか？　特にないようですので、これで終わりにしたいと思います。ご清聴ありがとうございました」）をやめることだ。こうしたありきたりの「結びの言葉」以外なら、何を取り入れても新鮮な驚きを与えられるだろう。

スライドの画像は iStockphoto 提供による

3. **具体的である。**　多くのプレゼンテーションが失敗に終わるのは、それが抽象的すぎるからだ。とりわけエンディングには、具体的ではっきりしたメッセージが不可欠である。専門用語を避け、わかりやすいストレートな言葉で語りかけよう。曖昧な物言いはエンディングにふさわしくない。コンパクトな実例を挙げたり、テーマや要点を浮き彫りにする短いエピソードを紹介した方がうまくいく。インパクトの強い画像をスクリーンに映し出すことも、抽象概念を具体化する上で効果的だ。

4. **信頼性がある。**　プレゼンテーションの信頼性を高めるには、構成をしっかりと固め、統計データや証拠によって主張を裏付けなければならない。さらに重要なのは、そうしたデータを、しかるべき状況で、人々がはっきりイメージできるような形で提示することである。引用句、有意義な統計データ、短いビデオクリップ——確かな情報源に基づいた、テーマを裏づけるようなもの——を使えば、信頼感のあるエンディングを演出できる。聴衆の信頼を得るもう一つの方法は「時間通りにスピーチを終了する」、「その場にふさわしい服装を心がける」、「礼儀正しく、かつ気さくで自然な口調で語りかける」といった行為によって、彼らに最大限の敬意を払うことである。

第6章　インパクトのあるエンディングを演出する　165

5. **感情に訴える。**　目的は情報を与えることではない。情報だけが知りたいのなら、本やレポート、パンフレット、ウェブサイトを参照すればいい。人々にキーポイントの要約を聞かせるだけでは足りない——彼らに（退屈なスライドを眺め続ける苦痛以外の）何かを感じてもらわなければならないのだ。エンディングに個人的な要素を取り入れよう。そして、聴衆に話を絡めることで、彼らにも他人事ではないと思わせるようにしよう。「メッセージを感情に訴えるものにする目的は、人々の関心を呼び覚ますことにある。感情は彼らを行動に駆り立てる」ハース兄弟は言う。前述の通り、特定のエピソードや実例を使ってスピーチを締めくくることは、漠然とした概念を具体化し、核となるメッセージを強調する方法の一つである。人々は一般的なパターンよりも、具体的な事例に興味を持つ傾向がある。具体的な事例は感情移入を促し、メッセージを心に焼きつけてくれる。感情を揺さぶる出来事は、人々の記憶に深く刻まれる。当然ながら、画像を見せることも、感情に訴える効果的な方法である。こうした画像によって、聴衆は論点をすんなり理解できるだけでなく、あなたのメッセージに対して感情面で深い結び付きを感じるようになる。

6. **物語性がある。**　多くの人々はプレゼンテーションを「最終弁論」で締めくくろうとする。こうしたエンディングの問題点は、プレゼンターが自説を述べている間に、聴衆がその主張のあら探しをしてしまうことだ。ハース兄弟の言葉を借りれば、「ある意味、あなたは自ら反論を招いている」のである。そういった姿勢も時には必要だが、エンディングにはふさわしくない。プレゼンターの目的は、聴衆の心をつかみ、彼らの行動を促すことにある。「物語」と「弁論」は別物である。物語は人々の参加を促してくれる。テーマを浮き彫りにし、その具体的な解決策を示すような物語を取り入れよう。物語は本来、魅力に溢れ、印象的である——それは人々の心を突き動かし、行動に駆り立てる。アイデアを広めたいのなら、それを物語の形で語るべきだ。一部の優れたプレゼンターは、スピーチの冒頭と最後を物語で飾っている。物語という形を取ったアイデアは、より簡単に再現することができる。

効果的なエンディングを演出する

　どういった形のエンディングを選ぶにせよ、聴衆から逃げているようではダメだ——むしろ、彼らに近づくべきである。ステージの中央や、部屋の前方へ歩み出て、話すスピードをやや落とし、一人一人の顔を見つめながら、エネルギッシュに語りかけよう。ここでは、スピーチを締めくくる方法をいくつか紹介したいと思う。

原点に立ち返る

　多くのプレゼンテーションは、真っ先に結論（要点）を述べることから始まっている。その場合、もう一度原点に立ち返ることによって、調和の取れたエンディングを簡単に演出できる。挑発的な物語でスピーチを切り出したときは、もう一度その物語を振り返り、その話の教訓がいかにメッセージを裏づけているかを改めて示せばいい。

　大半のプレゼンテーションは1時間足らずである。しかし、私は5時間～1日がかりのセミナーをこなすことがよくある。今年、日本で行われたセミナーにおいて、私は最初の1～2分を使い、努力の結果、優れたプレゼンターに変身した有名無名の日本人の実例を紹介した。「西洋人なら華やかなプレゼンテーションを身につけられるかもしれない——しかし、日本のビジネス界では、伝統的にそういった姿勢は奨励されていない——従って、我々には無理だ」——多くの日本人はそう思っている。そこで、私は数人の成功例を紹介し、「自分は優れたプレゼンターになれると思いますか？」と問いかけた後、背後の大きなスクリーンに一枚のスライドを表示した。そこには、"Yes You Can!"と叫ぶ、日本滞在中のオバマ大統領の写真が映し出されていた。このスライドは聴衆の爆笑を誘い、彼らに大きな励ましを与えてくれた。

　5～8時間後、彼らはすでに多くの情報を獲得しており、共同作業に時間を費やすことで新しい技術やコンセプトを学んでいた。私は手短かな結びの言葉とともに、セミナーの終了を告げた。しかし、実はまだ続きがあった。最後に、私はオープニングと同じ質問を投げかけた。「自分は優れたプレゼンターになれると思いますか？」冒頭と同じスライドが、太字で書かれた"Yes You Can!"のセリフつきで映し出されると、聴衆はためらわずにこう叫んだ——"Yes, I can!"　そのセミナーには、盛りだくさんの情報や原則が含まれていた。

しかし、私が何よりも望んでいたのは、セミナーに刺激を受けた彼らが、これから先も訓練を重ね、独力で学び続けることだったのだ。

キーポイントを要約する

我々が学校で習ったスピーチの手順は、（1）これから何を話すつもりか聴衆に告げる（2）スピーチを行う（3）自分が何を話したか彼らに告げる、というものだった。この公式は、一見すると陳腐に思われるかもしれない。とはいえ、スピーチを振り返り、総括を行うことには大きな意味がある。反復は学習の重要な一部であり、キーポイントを手短に要約することは有益である——しかし、それだけで終わるのはもったいない。要点をざっと見直した後に、意外性のあるコンテンツを導入し、キーポイントを強化しよう。あるいは、心に刻んでほしい画像を見せることで、メッセージを浮き彫りにするのもいいだろう。

物語を語る

統計やデータを積み重ねるのはもうやめよう。代わりに、メッセージを象徴するような物語やエピソードを語るといい。優れた物語には『アイデアのちから』に登場する6つの要素が全て含まれている。物語は短くシンプルにまとめよう——テンポのいい短いストーリーの方が、聴衆は話についていくのが楽になる。また、物語が呼び起こす感情や、ストーリーによって描き出される情景は、メッセージをさらに印象的なものにしてくれる。優れた物語は考えさせられる部分をもっている。例えば、疑問を提起するような物語でスピーチを切り出した人もいるだろう。その場合、その疑問に答えるような別の物語（あるいは同じ物語の続編）でスピーチを締めくくることが可能である。

聴衆の笑いを誘う

ユーモアにリスクが伴うのは確かだ。しかし、「裸のプレゼンテーション」にリスクはつきものである。とはいえ、ユーモア自体はジョークほどリスキーではない。たいていのスピーチには、ジョーク（とりわけテーマと無関係なもの）の出る幕などない。一方、風変わりでユー

モラスな実例、物語、画像や、(論点を強調するような)挑発的で皮肉の効いた引用句は、人々の笑いを誘い、エンディングを盛り上げてくれるという点で、非常に効果的である。これに関しては、プロのコメディアンの助言に従い、必ず人前で実験してから新しいコンテンツを試すようにしよう。全国放送で大ブレイクのチャンスをつかもうとしているコメディアンであれば、オープニングやエンディングに新ネタを使うはずがない。何度も使ってきた確実に笑いの取れるネタで勝負するはずだ。締めくくりのコメントに絶対の自信がない限り、エンディングを見事に決めることはできない。コメディアンのオーニー・アダムズは言う。「100%の自信がなければ、人々の心をつかむことは無理だ」。

引用句を表示する

　有名な人物の言葉を引用すれば、信頼性が高まるだけでなく、従来の「要約スライド」とは違った形でメッセージを総括することができる。引用句は必ずしも有名人や聴衆に知られている人物のものでなくてもいい。顧客や自分の子供の発言を取り入れることも可能である。ただし、その言葉は、示唆に富み、刺激的で、論点を浮き彫りにするものでなければならない——スピーチの核となるメッセージを増幅するものでなければならないのだ。

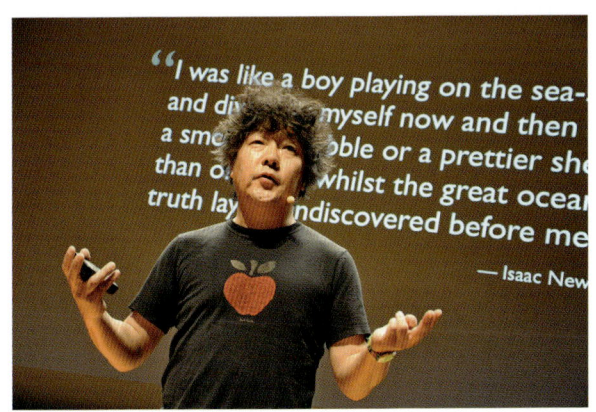

TEDxTokyo2010でスピーチする脳科学者の茂木健一郎。
効果的な引用句を背にして、わかりやすく、情熱的なプレゼンテーションを展開する。

パム・スリム

パム・スリムは、著名なスピーカー、ブロガー、ビジネスコンサルタントであり、ベストセラー『Escape from Cubicle Nation』の著者でもある。
www.escapefromcubiclenation.com

英語のネイティブ・スピーカーが、国際色豊かな聴衆に対してプレゼンテーションを行う場合、どんなことに注意すべきだろうか？　パム・スリムが貴重なアドバイスを提供してくれる。

国際色豊かな聴衆に向かって語りかける

　今日では、アイダホ州ボイシのホーム・オフィスを拠点とする零細企業の経営者でさえ、世界中にクライアントやパートナーを抱えている可能性がある。彼女はオーストラリアのグラフィック・デザイナーにロゴの制作を依頼するかもしれないし、生産拠点を中国に置いているかもしれない。あるいは、インドのテクニカル・ディベロッパーやeコマースの専門家に仕事を委託するかもしれないし、ボリビアやベラルーシに顧客を抱えているかもしれない。
　長年にわたって世界各地で暮らし、大手多国籍企業とともに働いてきたアメリカ人として、ここで効果的なコミュニケーションの秘訣をいくつか紹介したいと思う。裸のプレゼンテーションにおいて特に重要なのは、話し手の真意を正確に伝えることである。文化的に不適切な比喩は、メッセージの意図を曖昧にし、コミュニケーションを困難にしてしまう。それを避けるためには、プレゼンテーションや会議において、以下のポイントを頭に入れておくべきである。

1．国際色豊かな聴衆に対して、野球に関するたとえを使ってはならない。
　世界の大多数の人々は、野球というスポーツの存在を知っている。しかし、大半の国において、それはフットボール（つまり「サッカー」）ほど普及していない。従って、スポーツに関するたとえ話を出したいときは、大部分の聴衆が共感できるような比喩を使うようにしよう。どこかの会社の重役が、国際色豊かな聴衆に対して「場外ホームラン級の大成功を収めた」「意表を突くような変化球を投げてきた」といった比喩を使って話しているのを見ると、私は苛立

たしい気分になる。そうしたたとえが聴衆に伝わらないことが不満なのではない——その重役が、世界の人々に通じる比喩をあえて考え出そうとしなかったことが不満なのだ。

2．「国内専用」の比喩やたとえ話を避ける。

　私がよく引き合いに出す事例は、プレゼンターがあるビジネスアイデアを取り上げ、「しかし、それはまさに『母とアップルパイ (motherhood and apple pie)』だ」と語るケースである。アメリカ出身の人間なら、「そうそう」とうなずくところだろう——彼はその言葉が「このコンセプトは幅広い支持を得た、価値のあるものだ」の意であることを知っているからだ。しかし、もし彼がアメリカ人でなかったら、「『母』や『アップルパイ』とビジネスの間に、一体何の関係があるのだろう」と途方に暮れてしまうかもしれない。

3．明瞭でわかりやすい発音を心がける。

　これは英語を第二言語とする聴衆だけでなく、全ての人々にとってプラスになる。耳寄りなアドバイスを一つ挙げておこう：微笑みながら話すと、自然に発音が明瞭になる。

4．聴衆の文化に合わせてコミュニケーションの度合いを変える。

　初めてヨーロッパで講義をしたとき、私はまるで敵意に満ちた演芸場でパフォーマンスするコメディアンのような気分になった。私はどちらかというと対話型のプレゼンターで、参加者によく質問を投げかける。しかしこの時は、どの質問もことごとく無視され、冷たい視線で迎えられた。休憩時間に同僚に相談すると、こんなアドバイスが返ってきた——「このアムステルダムの聴衆（イギリス、フランス、ドイツ、オランダ、スイスからやって来た参加者たち）にとって、大人数のプレゼンテーションはフォーマルなものなんだ。だから、小さなグループに分かれるまで、誰も発言したりしないんだよ」。彼らが望んでいたのは、万全な準備を整えた、知識豊富なインストラクターだった。トークショーのホストのような振る舞いは、お呼びでなかったのだ。

体を動かしてもらう

　私はかつて、不安の緩和法としての気分転換の重要性についてスピーチを行った。体を動かすことによって、人の精神状態は変わってくる。この点を強調するために、私は聴衆に立ちあがってもらい、音楽に合わせて飛び跳ねてもらった。これはエンディングに最適だった。会場のムードは一気に盛り上がり、客席全体に笑顔が広がった。もちろん、必ずしも立ったり、飛び跳ねたりしてもらわなくてもいい。しかし、それがメッセージの強化につながるのであれば、何らかの方法で聴衆に体を動かしてもらうべきである。

行動を起こすように呼び掛ける

　最高のプレゼンテーションとは、変化をもたらすものであることを忘れないでほしい。はっきりした具体的な方法で、聴衆に変化を呼びかけよう。例えば、プレゼンテーションのテーマが「健康体重を維持する方法」だった場合、こんな言葉でスピーチを締めくくるのもいいだろう。「今夜、寝る前に、生活習慣を改めるための５つの方法——健康を増進し、活力を与えてくれる方法——を書き出してみて下さい。そしてそのリストを冷蔵庫に貼っておきましょう」。

聴衆にインスピレーションを与える

　試合前の壮行会のように活を入れる必要はない。しかし、ちょっとしたインスピレーションを与えられることは、誰にとってもありがたいはずだ。前向きな雰囲気でスピーチを締めくくり、人々に希望や励ましを与え、彼らが自主的に学び続けていくことを促すようにしよう。インスピレーションは「前向きで力強い感情」である。エンディングではこうした感情を人々に味わってもらう必要があることを忘れないでほしい。「インスピレーション」と「影響」は別物だ。しかし、インスピレーションの持つ力を過小評価するべきではない。「影響」は長い目で評価すべきものである。例えば、優れた教師は、生徒に長期的な影響を及ぼす一方で、毎日のようにインスピレーションや激励を与えている。インスピレーションという形をとった感情は、人々を行動に駆り立ててくれる。

裸のプレゼンターのための
Q&A セッション

　質疑応答はプレゼンテーションの必須項目ではない。仮にこうしたセッションを取り入れる場合、それは通常エンディングに回されることが多い。そのこと自体に問題はない。しかし、最後の質問への回答でプレゼンテーションを終わりにする場合には、慎重さが求められる——特に、その質問の内容が、プレゼンテーションの要点から少々ずれているときには注意が必要だ。プレゼンテーションの持ち時間が長く、複数の休憩をはさんで行われる場合、各セクションの終わりに質疑応答の時間を設けるという手もある。そうすれば（スピーチ全体を通じて聴衆の質問を処理できているため）エンディングの Q&A セッションを短縮したり、割愛したりできる。

　Q&A セッションをエンディングに回した場合でも、最後の質問に答えた後、必ずステージ中央に戻り、力強い言葉でスピーチを締めくくるようにしよう。最も冴えない結びの言葉は「それでは、時間になりましたので、これで終わりたいと思います。ご清聴ありがとうございました」といった類のものだ。これと似たようなセリフは、世界中の会議場や教室で、何百万回も繰り返されてきたに違いない。

　「他に質問はありませんか？」と尋ねて、会場をシーンとさせるのではなく、こんな風に積極的に迫ってみよう——時間がないので、質問はあと一つに限りたいと思います。最後にこれだけは聞きたいという人はいませんか？」あるいは、残り一問になった時点で、先ほどから手を挙げているのに、指名されていなかった客に向かって「では、最後の質問はあなたにお願いしましょう」と声をかけるのもいいだろう。

　質問に答える際も、それまでのスピーチと同様に、自信と謙虚さを合わせ持ち、率直で誠実な態度で臨むべきである。では、Q&A セッションの際に覚えておきたいポイントをいくつか挙げていこう。

● **聴衆の心をつかむ。** 話し手は、プレゼンテーション全体を通じて、聴衆を魅了し、彼らと交流を図ってきたはずである。Q&Aが始まったとたんに、プレゼンテーションが終わってしまったような態度を見せてはならない。Q&Aには真剣勝負で臨むべきだ。テンションを落とすことなく、聴衆の心にしっかりと寄り添ってほしい。

● **手短に行く。** 簡潔さは（それが言い逃れの手段でない限り）常に歓迎される。単刀直入に要点を説明し、次に進もう。

● **余計な口を挟まない。** 聴衆の一人が話している間は、途中で質問の意図が読めたとしても、余計な口を挟んではならない。質問者の話に最後まで耳を傾けるようにしよう。また、間髪入れずに答えを出す必要はないことを覚えておこう。少し間を置いて、じっくりと質問の内容を吟味してほしい。これは対話であって、早く答えた方が勝ちというわけではないのだ。

● **礼儀正しく振る舞う。** 話し手は相変わらず聴衆の審査の目にさらされている。Q&Aでの発言内容は重要である――しかし、彼らは同時に、話し手の自分たちへの接し方をよく覚えている（特に、話し手が無作法だったり、せっかちだったりする場合はその傾向が強くなる）。ざっくばらんで気さくな立ち居振る舞いは、「裸のプレゼンテーション」の条件かもしれない。しかし、礼儀正しく、謙虚な姿勢を常に保つこともまた、その条件の一つなのだ。

● **譲らない姿勢を示す。** 話し手はざっくばらんで親しみやすい姿勢を示すべきだ。とはいえ、現場の主導権を握っているのは、あくまでプレゼンターである。話の長い質問者に、延々と喋らせてはいけない。話し手は聴衆全体に対して、ディスカッションを円滑に進める責任を負っているのだ。

● **質問を復唱したり、言い換えたりする。**　会場の全員に聞こえるように、客の質問を復唱することは、聴衆への配慮の表れである。プロと初心者を分けるのはこうした点だ。経験豊かなプレゼンターは、他者への共感と自分の存在感を示すために、コメントや質問を復唱し、みんなに聞かせようとする。また、こうすれば、一つ一つの質問の意図を正しく理解できているかどうか確かめることができる。

● **こちらから質問を投げかける。**　話し手から聴衆に向かって質問を投げかけることも可能である。つまるところ、これは聴衆との対話なのだ。従って、常に人々の参加を促すべきである。

● **限度をわきまえる。**　柔道には「十分に考慮を重ねる」「決断力を持って行動する」「限度をわきまえる」といった基本原則が存在する。ディスカッションが長引けば、効果的なQ&Aセッションに水を差すことになる。どうしても答えてほしい質問がある人や、まだまだ言い足りないという人は、プレゼンテーション終了後に居残ってディスカッションを続けるだろう。

合気道に学ぶ

　日本の現代武道である合気道は、日々の難題、とりわけ「答えにくい質問」や「厄介な人物」への的確な対処について、多くの教訓を与えてくれる。「気を合わせる道」という意味を持つ「合気道」は、1920年代に植芝盛平によって創始されたものである。合気道の教えは道場だけにとどまらない——それは調和の取れた、穏やかな毎日を送るための秘訣を我々に伝授してくれる。合気道はさまざまな衝突への効果的な対処法であり、物事の円満な解決法を推進しようとする一つの生き方でもある。

写真提供：ゲイル・マーフィー

　「大先生(おおせんせい)」とも呼ばれる植芝盛平は、決して大男ではないが、その武道家としての技量は比類なきものとされている。さらに、ジョン・スティーブンスの『Budo Secrets』で指摘されているように、植芝は哲学者でもあり、非常に精神性の高い人物だった。彼は合気道に反映されている深遠な意味について弟子たちと語り合うことに多くの時間を費やした。「宇宙は常に人々に合気道の教えを授けている。しかし、我々はそれに気付いていない」。植芝はそう語る。彼は、宇宙は最も偉大な師であるのと同時に、最高の友であると信じていた。合気道は非暴力的な武術であり、敵や逆境の力に抗うのではなく、それらと融合するという考え方を重視している。「武士道とは、破壊や殺戮ではなく、生命を育み、絶えず何かを創造し続けることである」。植芝は言う。合気道では、自分から攻撃を仕掛けることはない。「先手を取って優位に立ちたいと思うのは、訓練の足りない証拠だ」。しかし、合気道家は攻撃から逃げるわけではない。合気道は決して受け身の武道ではないのだ。彼はあえて敵に攻撃を仕掛けさせ、そのエネルギーを逆手に取ろうとする。合気道家は、自分の腕力に頼らず、他者の力を利用することによって、無抵抗のまま、敵を打ち負かしてしまう。

　ここでは、合気道の精神から得られる実践的な7つの教訓を紹介しようと思う。これらの教訓は、コミュニケーション全般に応用可能であり、特に挑発的な聴衆への対処法として効果的である。

1.「今」「ここ」に集中する。　『Life in Three Easy Lessons: Aikido, Harmony, and the Business of Living』（Zanshin Press）において、リチャード・ムーンは「今」「ここ」に

完全に集中することを「その場を肌で感じる」と表現している。自分を挑発してきた相手の話に真に耳を傾け、彼らの気持ちを理解するためには、話し手自身が、自他の立場を完全に把握し、微妙なシグナルを感じ取っていなければならない。その一瞬に完全に集中している人間は、決して不意を突かれたりしない。「その場を肌で感じることによって、単なる『認識』を『注意』に高めることができる」ムーンはそう語る。一人一人の聴衆は、話し手にとって特別な注意に値する人物である。「今」「ここ」に集中している人物は、エネルギーに満ちている。

2．大きさは問題ではない。 合気道は腕力を必要としない。訓練を積んだ合気道家は、相手の力に抗うのではなく、そのエネルギーと融合し、それを導き、コントロールすることによって、自分よりもはるかに大きな敵を無力化することができる。人々はあなたに対して偏見を抱き、見下したような態度を取るかもしれない。しかし、こうした事実に怖じ気づく必要はない。あなたが新顔だろうが、若かろうが、外部の人間だろうが、そんなことは関係ない。大切なのは、周到な準備を整えた上で、相手の声をしっかり聞くこと——耳だけでなく、目や心も総動員して、彼らの反応を敏感に察知することである。

3．調和を追い求める。 「気」は「生命力」、より一般的には「魂」、「エネルギー」と訳されることが多い。「気」は万物の中を流れる生きたエネルギーである。合気道は弟子たちに、宇宙の魂／エネルギーと調和する方法や、その力に抗うのではなく、それを利用する方法を伝授する。合気道において、力やエネルギーとは、限られた体力でなく、無限の「気」の力を意味している。「我々は気そのものをコントロールすることはできない。しかし、気の流れにとって理想的な状態を自分の中に作り出すことはできる」。合気道の達人である故フルヤ・ケンショウはそう語る。「今」「ここ」に意識を集中すること、心の平静、そして肩の力の抜けた動作は、気の流れにとって理想的な状態を作り出すのに役立つ。

4．身構えた態度を取らない。 聴衆が挑発的な態度を取ったり、敵意を向けてきたりした場合、むきになってやり返してはならない。そうした抵抗が役に立ったためしはない。(苛立ち、不安、焦り、怒りといった、自己防衛に関わる感情を露わにすることで) ストレスにはけ口を与えてしまった場合、プレゼンターの思考は明晰ではなくなり、その言動は衝動的で分別に欠けたものになる。忘れないでほしい——我々の関心は「勝ち負け」ではなく、「物事の本質を見極めること」にあるのだ。質疑応答やディスカッションの間、プレゼンター

の興味は真実を追求することに注がれている(それは挑発的な質問者も同じかもしれない)。誠実で率直な、真の「裸のプレゼンテーション」を行っている限り、自分をさらけ出すことを恐れる必要はない。我々には隠すものなど何もないからだ。裸のプレゼンターの目標は、人々や状況を支配することではない。我々はむしろ、プレゼンテーションを協調という観点で考えている。冷静さを保てば、物事に慎重に対応できるようになり、感情的な反応を避けられる。心の平静を失わず、その一瞬に集中しているとき、「衝動的で頑固な態度に取って代わって、寛容で理解のある姿勢が生まれてくる」とムーンは語っている。

5．バランスを保つ。 正しい呼吸法は、気の流れにとって理想的な状態を作り出す上で不可欠である。常に呼吸をうまくコントロールしよう。とりわけ、「闘争・逃走反応」が始まりそうなときには、こうした呼吸法が功を奏する。自分の体の中心を意識してほしい。「気海丹田」は人間の体の中心であり、臍から指三本分下がったところに位置している。この場所は内なる羅針盤である。プレゼンターは心身ともにバランスの取れた姿勢を維持しなければならない。厄介な質問に対処しているとき、体を一方に傾けたり、片足だけに重心をかけたりすべきではない。本人は意識していないかもしれないが、こうしたアンバランスな姿勢は、気力を失わせてしまう（傍目にも腰が引けているように見える）。呼吸をするときには、気海丹田にエネルギーが集まってくるのを意識しよう。丹田を意識した呼吸法は、多くの瞑想法に共通するテクニックの一つである。

6．他者を敵と見なすべきではない。 挑発を仕掛けてくる人々は敵ではない。唯一の敵は自分自身の内側にある。「私は他者を打ち負かす方法を知らない。知っているのは自分に打ち勝つ方法だけである」植芝はそう語る。彼はあらゆる攻撃を阻止することができる。しかし、こうした当意即妙な対応を可能にしているのは、不断の訓練と、「真の敵は自分自身の内側にある」という認識――我々の中にある、不安、自己不信、怒り、当惑、嫉妬などの感情こそが、気の流れを妨げているという認識である。他者は決して敵ではないことを肝に銘じよう。むしろ、互いの満足度やメリットを高めるという観点で考えてほしい。武道の基本理念の一つは、互いを尊重し合うことである。合気道では、相手のエネルギーと融合することによって、敵を傷つけることなく、攻撃をかわしたり、無力化したりできる。聴衆とのやり取りを「争い」と見なしているプレゼンターは、むきになって抵抗しようとする。争いとは、相手に反撃を加え、さらなる対立を作り出すことだ。それはエネルギーを浪費するだけで、最終的には何も生み出さない。争いによって人々の意識を変えることは不可能だ。

7. 流れに身を任せる。　これは一見、型にはまった古臭い言葉に思えるかもしれないが、本当は非常に実用的な表現である。「流れに身を任せる」とは、受動的に振る舞うことではない──むしろ、それとは正反対だ。流れに身を任せるためには、現状を完全に認識し、理解していなければならない。宇宙や自然は偉大なる師であることを思い出そう。例えば、川の流れは、易々と森を貫き、岩々をはじめとする無数の障害物をかわしながら、道を切り開いていく。あるいはその森にそびえる竹は、風に身を任せ、体をしならせながらも、決して折れることがない。常に冷静さを失わず、自分自身や周囲の状況との調和を保つように心がければ、本来備わっているエネルギーが自然に循環し始める。しかし、怒りやストレスに身を任せ、むきになって抵抗すれば、話し手のエネルギーは不協和音を生み出し、当事者全員に悪い結果をもたらすことになる。仕事や人生において、相手の顔をつぶそうとしたり、個人攻撃に走ったりすることは、愚かで不毛な、恥ずべき行為である。

　質問の流れが挑発的だったり、敵意に満ちていることもあるだろう（とりわけ、Q&Aセッションにおいてはその可能性が高い）。だが、怖じ気づく必要はない。心の平静を乱すことができる唯一の人間は、自分自身だけである。

　下に挙げたスライドは、難しい質問への対処法や、苦境におけるストレスとの付き合い方をテーマにした、インフォーマルなプレゼンテーションで使われたものである。

真の脅威は他者からではなく、自分自身の中からやってくる。プレゼンテーションや会議において、我々は他者をコントロールできない。しかし、心身のバランスや安定を保つ努力はできる。鈴木大拙は言う。「我々の活動には調和がある。そして、調和のあるところには、心の平静がある」。
（スライドの画像は iStockphoto 提供による）

私の人生が、私のメッセージである。

―― マハトマ・ガンジー

まとめ

- アイデアやエネルギーが他者に伝わり、彼らに変化をもたらしたとき、あなたは真に心に響くメッセージを打ち出すことができたと言える。しかし、人々の関心を最後まで維持し、インパクトのあるエンディングを生み出すためには、聴衆をよく理解しなければならない。

- 最も心に残るアイデアやメッセージには、6つの共通要素が含まれている。その要素とは「単純明快」「意外性」「具体性」「信頼性」「感情に訴える」「物語性」である。エンディングのスピーチやメッセージが印象的であればあるほど、それらは記憶に残り、行動を促してくれる。

- どういった形のエンディングを選ぶにせよ、聴衆から逃げているようではダメだ——むしろ、彼らに近づくべきである。前向きな雰囲気でスピーチを締めくくり、人々に希望や励ましを与え、彼らが自主的に学び続けていくことを促すようにしよう。

- Q&Aセッションをエンディングに回した場合でも、最後の質問に答えた後、必ずステージ中央に戻り、力強い言葉でスピーチを締めくくるようにしよう。

友よ、先入観や固定観念を捨てて、
ニュートラルな状態に戻ろう。
このコップがなぜ役に立つのかわかるか？
それは中が空だからだ。

―― ブルース・リー

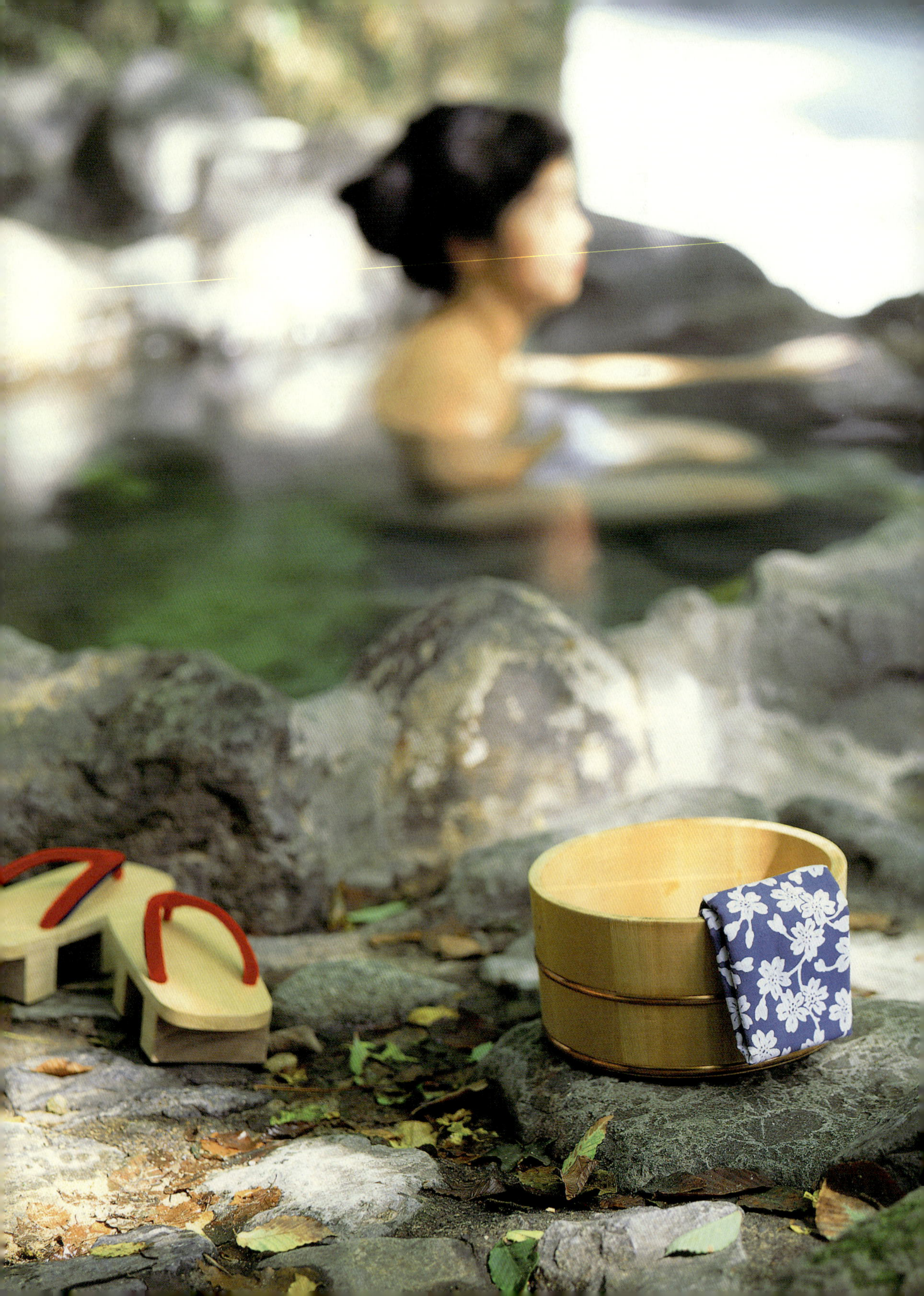

7

「粘り強さ」を持って前進し続ける

　「頑張る」という概念は、日本人の文化や生き方に深く根付いている。この言葉は、文字通りには、課題をやり遂げるまで、粘り強く取り組み続けること——成功に向かってたゆまぬ努力を続けることを意味する。命令形の「頑張って」は、日常会話で人を励ます際にひんぱんに使われる。それは仕事においては「ベストを尽くせ」の意味であり、スポーツイベントや試験勉強においては「戦い続けろ！」「あきらめるな！」といった意味になる。「粘り強さ」という概念は、次のような仏教の教えにも表れている——「川の流れと岩がぶつかり合ったとき、勝つのは常に川の方である——川は力ではなく、粘り強さによって、岩を打ち砕くことができる」。日本の教育やビジネスの世界には、決してあきらめずに真摯な努力を続ければ、誰でも大きく進歩できるという強い信念が存在する。成功までに時間がかかってもかまわない——大切なのは、全力を尽くし、粘り強さを貫くことである。
　日本の文化は継続的な努力をとりわけ重要視している。しかし、目標を達成する上で根気が大切なのは、もちろん日本に限ったことではない。例えば、著名な心理学者であるエドワード・デ・ボノは、豊富な経験を重ねるうちに、成功者には二つの主要な資質が備わっていることに気付いた。それは、（1）成功への期待（2）粘り強さ、の二つである。「あらゆる成功者に共通するのは粘り強さである」デ・ボノはそう語る。「彼らは挫折をものともせず、前進し続ける。前へ進み続けていれば、いつかは目標に辿り着ける」。内在的なモチベーションは、粘り強さの原動力である。ニューヨークタイムズ紙ベストセラー作家のダニエル・ピンクもまた、差別化を生み出す主要な資質として「根気」を挙げている。『ジョニー・ブンコの冒険　デキるやつに生まれかわる6つのレッスン』（講談社）と題さ

れたキャリア・ガイドにおいて、ピンクは「才能は確かに重要だが、『根気』はしばしば才能に勝る」と語っている。「内在的なモチベーションが高ければ高いほど、根気強く頑張れる。根気強く頑張れば頑張るほど、成功の確率は上がる」。時とともに、我々の技術やアプローチは変化するかもしれない。しかし、「頑張る」ということは、常に目標を見失わないことを意味する。ベストセラー作家で企業家のセス・ゴーディンは言う。「粘り強さとは、何度も同じ手を使うことではない。それは煩わしいだけだ。粘り強さとは、何度も同じ目標を立てることである」。

絶え間なく続くゆるやかな川の流れは、何物も止めることができない。流れる川のごとく生きよう。

至るところに教訓は存在している

　プレゼンテーションやスピーチの技術は、粘り強い努力によって、ほぼ誰でも身につけられるものだ。しかし、（習得すべきスキルとしての）ダイナミックなプレゼンテーション技術が、学校教育において注目を浴びることはほとんどない。ストーリーテリングや（アート以外の世界に向けた）体系的な物語の創作、それらの物語を盛り上げる、インパクトの強いビジュアルの作成――こうしたテーマを探る大学の授業やセミナーは、存在しないに等しい。だが、それでもかまわない。正規の教育に頼らずとも、学校では教えてくれない内容を独学で身につけることによって、大きく進歩することは可能だからだ。

　人生や仕事で成功を収めている人々はみな、学校を出た後もずっと学び続けている。日本人は一生にわたって学び続けることを「生涯学習」と呼んでいる。「人間は死ぬまで成長し、学び続けるべきである」というのが生涯学習の精神だ。向上には際限がない。内在的なモチベーションに支えられ、粘り強く自主学習を続けることは、今も昔も重要である。今日のネット社会において、世界中の教材やリソースへのアクセスは、かつてないほど簡単になっている（その多くは、非常に安価であり、中には無料のものさえある）。「他の方法を知らなかったから」というのは言い訳にはならない。退屈極まる「パワーポイントによる死」的なプレゼンテーションや、淡々とした味気ないスピーチで聴衆や同僚を苦しめることに対して、もはや弁解の余地はないのだ。人とは違う「裸のプレゼンテーション」を効果的に実践している人々は、至るところに存在する。私は、自身のウェブサイト www.presentationzen.com 上で、こうした実例を数多く取り上げている。

誰もが向上の可能性を持っている

　ビル・ゲイツは寛大な心と、明晰な頭脳を兼ね備えた人間だ。私は彼の大ファンである。しかし、数々の才能を持ち、さまざまな貢献を果たしてきたにも関わらず、効果的なプレゼンテーション（とりわけ、スライドを使用したもの）を実施することは、決して彼の得意分野ではなかった。Apple の元 CEO、ギル・アメリオも、1998 年に「ゲイツはスピーチ向きの人間ではない」というコメントを残している。しかし、2009 年の初めから事態は変わり始めた。同年、ロングビーチで行われた TED に出席した際に、私はビル・ゲイツによる魅力的なプレゼンテーションを目の当たりにした。スライドまでもが（まだ完璧には程遠いとはいえ）いつもの箇条書きだらけでゴチャゴチャしたビジュアルに比べて改善されていた。2009 年の 10 月には、ゲイツのプレゼンテーション——とりわけそのビジュアル——にさらなる向上が見られるようになった。

　2009 年秋、ワシントン D.C にて、ビル・ゲイツとメリンダ・ゲイツは、見事にデザインされた、インパクトの強いビジュアルを活用し、魅力に満ちたプレゼンテーションを披露した。そのプレゼンテーションの目的は、二人が「せっかちな楽天主義者」である理由を説明することだった。彼らはデータと実例を巧みに組み合わせ、（エイズやマラリア対策などの）世界的な保健問題は改善しつつあるが、（1）変化のスピードが遅すぎる（2）すべての人々に援助が行き渡っているわけではない、という課題が残されていることを主張していった。つまり、「せっかちな楽天主義者」とは、彼らが現状を「楽天的」にとらえている反面、改善のスピードが遅いことに「せっかち」になっているという意味だったのだ。ゲイツ夫妻は、鮮明なビジュアルとビデオクリップを活用しながら、健康状態が劇的に改善された人々に関する明るいニュースを効果的に伝えていた。

　ビル・ゲイツのパフォーマンスは、2010 年の TED 会議でのエネルギーに関するプレゼンテーションにおいて、さらなる改善を見せている。ここでは、彼はしっかりした論理、根拠、構成に加えて、ちょっとしたユーモアも披露している。ゲイツは課題とその解決策をいくつか紹介した後、ある一つの実例を詳しく取り上げていた——これは、「具体例に注目することで、全体的なテーマを浮き彫りにする」というストーリーテリングの技術の応用である。また、彼の使用するビジュアルは、シンプルでわかりやすく、強烈なインパクトを持ったものだった。

ゲイツは世界で最も影響力が強く、裕福な人間の一人である。そんな彼でさえ、より自然で、魅力に満ちた、効果的なプレゼンターに変身しようと、努力を積んでいるのだ。世界を変えようと思うなら、とびきり素晴らしいプレゼンテーションを披露しなければならない。

まず湯呑みを空にしなければならない

　人とは違った「裸のプレゼンテーション」を身につけるためには、まず自分を縛り付けている古い習慣やルールを捨て去らなければならない。日本の禅師に関するこんな古い逸話がある。ある大学教授が、禅について教えを乞うために、この禅師のもとを訪ねた。禅師はまず教授に茶を勧めた。彼は教授の湯呑みをなみなみと満たし、その後もさらに茶を注ぎ続けた。教授は湯呑みから茶があふれ出すのを黙って見つめていたが、やがてこらえ切れずにこう叫んだ。「お茶があふれてますよ。もうそれ以上は入りません！」禅師は答えた。「この湯呑みのように、あなたの頭の中は、自分の意見や思い込みでいっぱいになっている。まず湯呑みを空にしなければ、どうして禅を教えることができようか？」

　実際、湯呑みを一杯にしたままで人生を送っていては、新しいことは何も学べないだろう。新しい技術やアプローチ、異なった考え方はブロックされてしまう。確実性、プライド、過信、過去や既知の事実への執着に満ちた世界には、突拍子もないアイデアや、常識外れな概念、驚くべき洞察が入り込む余地は残されていないだろう。これまで最高の（あるいは唯一の）方法だと信じてきたやり方をあえて捨て去ることも、湯呑みを空にする作業の一環である。ジェダイ・マスターの長老が、遠い昔、遥か彼方の銀河で語ったように、我々は「思い込みを捨て去る」べきなのだ。

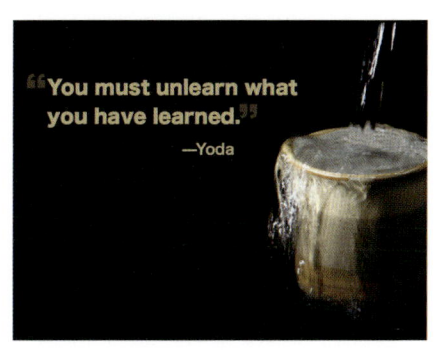

このスライドは、固定観念を捨て去ることと、湯呑みを空にするという概念を一つに結び付けている。
（iStockphoto 提供）

柔道に学ぶ
プレゼンテーション（および人生）の教訓

　三船久蔵（1883-1965）は、近代における偉大な柔道家の一人と見なされている。三船は小柄な体格にも関わらず、老境に入っても、自分よりはるかに大きい若者たちを打ち負かすことができた。ジョン・スティーブンス著『Budo Secrets』によれば、三船はしばしば「空気投げ」と呼ばれる技を用いていたという。これは「球の理論」に基づいた技である。「球はいくら転んでも、決して中心を失うことはない。その動きには無理がなく、変化もきわめて速い。それはまた、外力に対して無抵抗である」。柔道という言葉は、文字通り「柔の道」を意味している。「柔よく剛を制す」、あるいは、絶えず変化する状況に素早く順応し、敵の力を逆手に取ることで、成功を収められるという考え方は、柔道の基本理念の一つである。

　三船久蔵の柔道７カ条は、柔道家のために書かれたものである。しかし、少し想像力を働かせれば、これらのシンプルな原則が（道場の中だけでなく）人生や仕事における貴重な指針になり得ることがわかるだろう。スピーチやリーダーシップへの応用法も必ず見つかるはずだ。例えば、聴衆の前でライバルを軽視し、彼らを中傷するような発言をすれば、間違いなく信用を失うことになる。真の謙虚さは強さの証である。一方、自信過剰や傲慢さは本人の弱さを物語っている。じっくりと時間をかけてこれらの７カ条を検討し、自分の人生や仕事への応用法を考え出してほしい。

1．敵を軽視しない。
2．自信を失わない。
3．正しい姿勢を保つ。
4．敏捷性を身につける。
5．全方向に力を漲らせる。
6．自制心を養う。
7．常に訓練を怠らない。

手っ取り早い解決法や秘策は存在しない

　ビジネスやプレゼンテーションにおいても、人生全般においても、我々が直面する課題への万能の解決策は存在しない。着実な訓練や学習、たゆまぬ向上心に代わるものはないのだ。この点に関しても、柔道は我々に教訓を与えてくれる。「秘策の発見に希望を託してはならない」。三船久蔵は言う。「たゆまぬ訓練を通じて心を磨くのだ——それが有効な技への鍵である」。

自分を信じなければ始まらない

『スター・ウォーズ　エピソード5』の印象的な場面の一つに、ヨーダがフォースを使って、ルーク・スカイウォーカーのXウィングを易々と泥沼から引き上げるシーンがある。ルークはこの離れ業に驚き、「信じられない」とつぶやく。それに対して、ヨーダは大きなため息をつき、こう言い放つ――「だからお前は失敗したのだ」。安易な方法に頼りたくなるのは人の常である。「裸のアプローチ」をコミュニケーションやプレゼンテーションに持ちこみ、ありのままの自分の姿をさらしたとたんに、話し手はさまざまなリスクを背負うことになる。時には失敗することもあるだろう。しかし、話し手は自分自身とそのアプローチを信じなければならない。信念を持てば必ず成功できるというわけではない。しかし、あらゆる成功の裏には、必ず信念が存在している。

すべては自分次第である

著名な作家であり、生化学の教授でもあるアイザック・アシモフは、かつて「独学が唯一の教育であると私は確信している」と語った。この発言の精神は、現代にうってつけだと私は思う。もちろん、教師の存在は重要であり、学校教育は不可欠である。しかし、一生の間に獲得する知識や技術の大部分は、自力で情報や模範例を探し求め、独学を積んだ結果得られたものだ。独学は、生涯にわたって絶えず向上し続けるための鍵である。

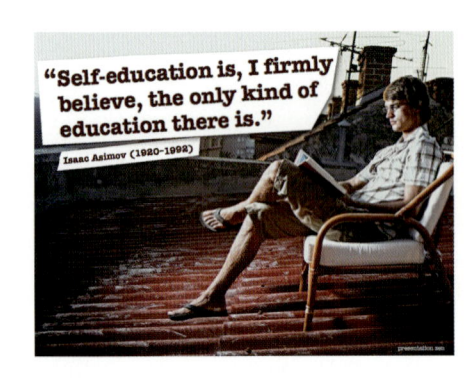

たゆまぬ向上心を持つ人々にとって、知識やインスピレーションはいたるところに転がっている。（スライドの画像はiStockphoto提供による）

「自然さ」と「インパクトのある プレゼンテーションのための3つの『C』」

　本書のテーマは、自然体のパフォーマンス──話し手の独自の個性をプレゼンテーションにより反映させること──によって、聴衆にとってわかりやすく、印象的な形でメッセージをアピールできるということである。このテーマは、3つの「C」──「貢献（Contribution）」、「一体感（Connection）」、「変化（Change）」という観点から考えることができる。

●**貢献**　プレゼンテーションやスピーチの機会を、「重荷」や「避けられない義務」だと感じている人もいるだろう。こうした態度は間違っている。むしろプレゼンテーションを「変化を生み出すための絶好の機会」と考えてみよう。あらゆるプレゼンテーションやスピーチは、何らかの貢献を果たすためのチャンスである。人はみな、誰かの役に立つことを生きがいにしている──それこそが、我々を人間たらしめているのだ。貢献を果たす上で一番大切なのは、常に自分ではなく「彼ら（聴衆）」である。我々は周到な準備によって聴衆への敬意を示すことができる。あるいは、自分自身の人間らしい部分を聴衆と分かち合うことによって、彼らへの誠意をアピールできる。自己不信の泥沼にはまり、自分には価値がないのではないかと思い悩むのはやめよう。勝ち負けは問題ではない。ボストン・フィルハーモニー管弦楽団の指揮者であり、非凡なプレゼンターでもあるベンジャミン・ザンダーも、これと似たような言葉で、才能ある教え子の一人を励ましている──「我々は貢献することを求められている。それが我々の任務である。いいところを見せたり、次の職を得たりすることが重要なのではない。何かしらの貢献を果たすことが重要なのだ」。この精神はプレゼンテーションにも応用できるはずである。

●**一体感**　貢献を果たし、知識や感情を分かち合うためには、会場の人々との一体感を確立しなければならない。一体感なくして、貢献はあり得ない。いつまでも続く確かな一体感を他者との間に築くことができれば、貢献が受け入れられたり、定着したりする可能性が高くなる。

● **変化**　我々は貢献を通じて、社会に影響を与える——こうした影響は、なんらかの変化を生み出すことによってもたらされる。変化が著しい場合もあれば、ほとんど気付かれない場合もあるだろう——しかし、どちらも真の変化であることには変わりがない。それは、今、この瞬間への真摯な貢献から生まれてくる、前向きな変化である。こうしたささやかな貢献の集積が、人類を前進させてきたのだ。

アートを生み出し、変化をもたらす

　私はプレゼンテーションは科学よりむしろアートに近いと常に述べてきた。では、アートとは何か？　セス・ゴーディンは、先日行われたデヴィッド・サイトマン・ガーランドとのインタビューで、「仕事におけるアート」についてこんな発言をしている——「アートは寛大な行為だ——それは、人間同士が一つにつながり、変化が生まれる瞬間である」。我々の仕事はアートになる「可能性」を持っている。しかし、単にルールに従い、あえて冒険をせず、（番号付きの塗り絵に色を塗っていくように）機械的に作業をこなしている場合、その仕事は一体感や変化を生み出せず、結果としてアートではなくなってしまう。最高のプレゼンテーションは（ある意味で）芸術作品と言える。なぜなら、最高のプレゼンターは、貢献と寛容の精神に則って、人々と心を通わせ、変化をもたらすことができるからだ。我々が普段目にしているプレゼンテーションやスピーチは最悪の部類に入る。それはおざなりの、型にはまった、無難なプレゼンテーションであり、全く印象に残ることがない。ありきたりの無難なプレゼンテーションをやってクビになった人間はいない（少なくとも、古い世界ではそうだ）。しかし、我々は新しい世界を生きている。そこでは、社会に変化をもたらすことを望んでいる優れたプロフェッショナルたち——教師、医師、エンジニア、救援活動家、ビジネスマンは、アートを生み出す人々でなければならない。今日、人前でスピーチを行い、人々と心を通わせ、持続的な変化をもたらす機会は、これまで以上に多くなっている——つまり、アートを生み出すチャンスが増えているのだ。

子供の頃の自分を取り戻そう

　パブロ・ピカソはかつてこう言った――「子供は誰でも芸術家だ。問題は、大人になっても芸術家でいられるかどうかである」。日本は優れた演説家や魅力的なプレゼンターを数多く輩出している国として知られているわけではない。しかし、私が日本の小学校を訪ねたとき、生徒たちは驚くほど積極的で活発であり、自分の考えや物語を話したくてうずうずしているように見えた。あなたの街の小学校も、同じようにエネルギッシュで希望に満ちた子供たちであふれていることだろう。

　幼い頃の我々は、生まれながらにして真のコミュニケーターであり、会話の達人だった。しかし、学年が進み、教育方針が変化するにつれて、いつの頃からか、我々はそうした生来の人間的な才能を失ってしまった。学校は「正解」を重視し、慎重で堅苦しいスピーチを要求し始めた――聴衆との触れ合いを求めることもなく、（人々から冷笑される危険を冒さない限り）プレゼンター本来の個性が発揮されることもない、そんなスピーチである。だが、大人になった今、自分で運命を変えることは可能である。子供の頃に持っていた、伸びやかさ、エネルギー、創造性をもう一度取り戻し、それを現在の知識、スキル、情熱と組み合わせれば、本物の人間同士のつながりを生み出し、素晴らしい変化をもたらすことができるだろう。

「心にねじ曲がったところがないとき、その人は子供のように伸びやかで純真であると言える」
――鈴木大拙

「七転び八起き」。

―― 日本のことわざ

まとめ

- 人とは違った「裸のプレゼンテーション」を身につけるためには、まず自分を縛り付けている古い習慣やルールを捨て去らなければならない。

- 自然体のパフォーマンス——話し手の独自の個性をプレゼンテーションにより反映させること——によって、聴衆にとってわかりやすく、印象的な形でメッセージをアピールできる。これについては、3つの「C」——「貢献(Contribution)」、「一体感(Connection)」、「変化(Change)」という観点から考えることができる。

- 最高のプレゼンテーションは(ある意味で)芸術作品と言える。なぜなら、最高のプレゼンターは、貢献と寛容の精神に則って、人々と心を通わせ、変化をもたらすことができるからだ。

連絡先：
info@garrreynolds.com
www.presentationzen.com

インデックス

英数字

3つのP	95
「B」キーを使う	142-143
『Budo Secrets』	124, 176, 190
ECS（感情誘発刺激）	138
『Enchantment: The Art of Changing Hearts, Minds, and Actions』	81
『First Aid for Meetings』	100
Head First シリーズ（コンピューター関連書籍）	147, 152
Keynote	9
『Kodo: Ancient Ways』	71
『Life in Three Easy Lessons: Aikido, Harmony, and the Business of Living 』	176
「P」で始まる10項目	24
PowerPoint	9
Prezi	9
Q&A セッション	173, 174, 179
QB(クォーターバック)の資質	140-143
『Resonate: Present Visual Stories that Transform Audiences』	164
TEDxTokyo	85, 91
TED 会議	17, 19, 188
『The Articulate Executive』	12, 64, 137
『The Craft of Scientific Presentations』	40
『Understanding Culture's Influence on Behavior』	106
『Why Business People Speak Like Idiots』	106
『Your Brain at Work』	30, 89
『You've Got to Be Believed to Be Heard』	80-81

ア 行

アース・ウィンド＆ファイアー	103
アートを生み出す	194, 197
合気道	176-179
アイコンタクトで心を通わせる	84-85
アイスラー、バリー	91
アイデア	
アイデアの6つの共通要素	164
アイデアを生み出す	50
アイデアを書き出してもらうことで、参加を促す	156 "
アイデアを整理する	51
『アイデアのちから』	164
アウトラインを説明する	75
アシモフ・アイザック	192
遊び（プレー）	
遊び心を注入する	127-128
遊び心を発揮する	122-123
エンターテイメントの役割	129-130
その一瞬に集中する	126
プレーを変更する	140-143
遊びの精神を注入する	126-127, 130-131
アトキンソン、クリフ	7, 33
アドリブの余地を残しておく	121
穴埋め問題	157
アメリオ、ギル	188
『アメリカの企業家が学ぶ世界最強のプレゼン術』	12
アリストテレス	39, 42
ありのままの自分を表現する	13-14
アンケートによって参加を促す	155
アンダーソン、クリス	17
一対一のコミュニケーション	17-18
一体感、3つの「C」における役割	193
意図を持って動く	83-84
「今、ここ」に集中する	76-77
インパクトのあるプレゼンテーションのための3つの「C」	193-195, 197
ウージェック、トム	154
ウォシャウスキー、ジョン	106
植芝先生	176
空ろなものに英知を見出す	72
笑顔	
笑顔の力	112-113
デュシェンヌスマイル vs. パンアメリカンスマイル	112-113
エンターテイメントの役割	129-130
演台からプレゼンテーションを行う	116
エンディング	
インパクトのあるエンディングを演出する	167-169, 172, 181
エンディングで引用句を表示する	169
エンディングに聴衆のアクティビティーを取り入れる	172

エンディングに物語を取り入れる	166
行動を起こすように呼び掛ける	172
心に残るエンディングを生み出す	163-166
聴衆にインスピレーションを与える	172
エンディングに引用句を取り入れる	169
大先生（おおせんせい）	176
温泉	5-6

カ 行

カーネギー、デール	7-8, 94, 104
カーペンター、カレン	115
改善	188
カイゼン（継続的な向上）	72
会話 vs. パフォーマンス	11-12
会話的な口調	147
学習	
学習における遊びの役割	123
学習のプロセス	72, 111
実体験による学習	144-145
核となるメッセージ	
エンディングで核となるメッセージを要約する	168
核となるメッセージを見極める	50
鹿島神流	124
箇条書きに代わる選択肢	75
画像を使う（「ビジュアル」も参照のこと）	154
「亀庭」を作る	30-31
仮面を脱ぐ	21
ガレスピー、ディジー	142
ガロ、カーマイン	7
過労死	47
カワサキ、ガイ	8
漢字	100
ガンジー、マハトマ	180
感情（「情熱」も参照のこと）	131
感情と記憶	108
感情に訴える	106-113
聴衆の感情を喚起する	108
メッセージにおける感情の役割	166
物語で感情を伝える	47
感情誘発刺激（ECS）	138
関心を維持する	159
頑張り（粘り強さ）	185
気（生命力）	177

気が散る原因を取り除く	49
危機的事例を使う	158
基調講演に学ぶプレゼンテーションの秘訣	148-151
逆境をはね返す力	71
ギャップマインダーのソフトウェア	153
球の理論	190
教育	
エンターテイメントとしての教育	129-130
独学	192
境界線を設ける	30-31, 59
教師への助言	36-37
興味を抱く vs. 興味を引き付ける	105
気を合わせる道（合気道）	176-179
近接	
近接の原則	114-115, 131
ショーは続けなければならない	119
デモを行う	117-118
ビジュアルを大きめにする	122
物陰に隠れずに前に出る	115-116
リモコンを使う	116-117
近接学	114
緊張ぶりを口に出すことを避ける	74
クラフト、クリス	36-37
クリーズ、ジョン	30-32
グループ・ディスカッションを使って参加を促す	157
黒、スクリーンを真っ黒にする	142-143
警告標識	48
ゲイツ、ビル＆メリンダ	188
結論、冒頭で結論を述べる	167
謙虚さの重要性	125
貢献、3つの「C」における役割	193
孔子	144
声	
声のピッチ	139
声を評価する	140
声に力を込める	86-87
声による刺激	37
ゴーディン、セス	33, 186, 194
ゴーン、カルロス	139
呼吸法、不安のコントロールに呼吸法を応用する	93
国際色豊かな聴衆に語りかける	170-171
心に残るエンディングを生み出す	163-166
個人的、PUNCHの一項目	65-66

インデックス　201

言葉、別々に扱う	37		自信を得る	88-91
子供時代の伸びやかさを取り戻す	195		自然	6
コミュニケーション			自然から学ぶ	6
一対一のコミュニケーション	17-18		日本人の自然に対する愛情	6-7
コミュニケーションを深める	5		自然さ	6
コミュニケーションの専門家	7		子供時代の伸びやかさ	195
コメディアン	136		自然な口調	7-8
コリンズ、フィル	115		質問を投げかけることで参加を促す	152
コンテンツを熟知する	121		シネック、サイモン	34
コントラストの魅力	44-45		自分、思い切ってありのままの自分を見せる	77-79
コンピューター			自分の考えを売り込む	33
コンピューターから離れる	32		ジャズとプレゼンテーションを比較する	8-9, 11, 121
プレゼンテーションでコンピューターを使う	117		シャピロ、ジョージ	136
			シャボー、クリスチャン	118
サ 行			自由を経験する	10
差異（コントラスト）の魅力	44-45		集中力の持続時間に対処する	136-138, 159
サイトマン・ガーランド、デヴィッド	194		柔道	190
サインフェルド、ジェリー	136		準備	
侍、戦いの準備	14		「なぜ？」から始める	34-35
参加	144		アナログで行く	49
アイデアをざっと書き出す	156		核となるメッセージを見極める	50
アンケートを取る	155		気が散る原因を取り除く	49
会話的な口調を使う	147		コンテンツを熟知する	121
グループディスカッション	157		準備　vs. リハーサル	121
参加を促す	152, 154-159 "		ソフトウェアでビジュアルを作成する	53
質問を投げかける	152		中断を避ける	30-31
聴衆のアクティビティ	144-145		聴衆を知る	38-39
聴衆をステージに上げる	156		ビジュアルのラフスケッチを描く	52
ビジュアルを見せる	154		ブレインストーミング	50
ブレインストーミングを行う	155		マルチタスクという神話	32
ロールプレイを取り入れる	155		メモを使う	54
事例研究を用いる	158		物語の力	43-47
手を使って何かを作り出す	156		生涯学習	187
制限時間つきのゲームを取り入れる	156		情動伝染の威力	109-110
想像力を刺激する	158		情熱	100, 131
斬新、PUNCHの一項目	66-67		興味を抱くように心がける	105
ザンダー、ベンジャミン	193-195		情熱を表すことを恐れる	101
シエラ、キャシー	147, 152		情熱を示す	100-101
時間に気を配る	22		パフォーマーからインスピレーションを得る	103-104
時系列図、イントロダクションに時系列図を取り入れる	75		障壁を取り払う	14
自殺、日本の自殺問題	47		情報	
自信			情報の量を決める	40
自信の必要性	125		物語によって情報を伝える	46

照明はつけたままにする	88
初頭効果	64
初頭効果の原則	163
『ジョニー・ブンコの冒険 デキるやつに生まれかわる6つのレッスン』	186
ジョブズ・スティーブ	75, 117, 139, 148-151
事例研究、参加を促すために事例研究を用いる	158
新近性効果の法則	163
真実味の持つ魅力	79-80
シンプル	6, 142, 165
数字を解釈する	150, 153
鈴木大拙	6-7, 13, 179
スター・ウォーズ エピソード4	44-45
スター・ウォーズ エピソード5	192
スティーブンズ、ジョン	124, 175, 190
ストロング、シェリー	87
スピーチ	
ケン・ロビンソン卿からのアドバイス	120-121
原稿を読み上げることを避ける	80-81
スピーチの目的	39
スピーチへの恐怖	88-93
スライドを準備する	15
スリム、パム	170-171
制限時間つきのゲームで参加を促す	156
成功を妨げる障害を克服する	124-125
成長のために全力を傾ける	72
生命力（気）	177
セーガン、カール	16
『世界でひとつだけの幸せ：ポジティブ心理学が教えてくれる満ち足りた人生』	112
「せっかちな楽天主義者」	188
説得	33
セリグマン、マーティン	112
戦士、勝負に勝とうとする戦士	14
銭湯	20
禅の美学	6, 13
『禅へのいざない』	13
想像力を刺激する	158
「その場を肌で感じる」	177
存在感	
「今」「ここ」に集中する	76-77
ありのままの自分を見せる	77-79
原稿を読み上げることを避ける	80-81
存在感を確立する	76
本物だけが持つ魅力	79-80
尊大な態度を捨て去る	15

タ 行

退屈さ、棒読みによって退屈さを誘発する	139
体験の重要性	145
対立、物語に対立を取り入れる	44
竹	
竹の性質	70
竹の前向きな象徴性	71
竹のごとく生きる	70-73
立ち方を意識する	83
短期記憶	36-37
力強さ（エンディングを参照のこと）	
中断、準備中の中断を避ける	30-31
聴衆	
聴衆と交流を持つ	58
聴衆と心を通わせる	10, 14, 64, 120
聴衆と親密な関係を築く	148
聴衆とのハネムーン期間	69
聴衆と向き合う	84
聴衆に語りかける	120
聴衆に体験型のアクティビティを与える	144-145
聴衆に変化をもたらす	99
聴衆に前の方に座るように促す	57
聴衆に物語を語る	37
聴衆にロードマップを提示する	149
聴衆の関心を維持する	136-137
聴衆の関心を持続させる	69
聴衆の短期記憶	36-37
聴衆の要望に応える	106-107
聴衆の理性と感情の両方に訴えかける	39
聴衆を知る	38-39
聴衆を説得する	33-34
国際色豊かな聴衆	170-171
聴衆に情報を整理する時間を与える	37
認知的過負荷	36-37
聴衆に与える印象	
アイコンタクトで心を通わせる	84-85
意図を持って動く	83-84
照明はつけたままにする	86-87
声に力を込める	86-87

聴衆と向き合う	84
服装に配慮する	82-83
挑戦的、PUNCH の一項目	67
挑発的な聴衆に対処する	175-179
調和を追い求める	177
敵、他者を敵と見なすことを避ける	178
敵意に対処する	179
テクノロジー	
テクノロジーへの依存	9
テクノロジーを聴衆の目から隠す	118
デッカー、バート	7, 80-81
デモを行う	117-118
デュアルテ、ナンシー	7, 34, 164
テンプルトン、マーク	117
トゥーグッド、グランヴィル	12, 64, 137
道場から学ぶ教訓	190-191
ドグラース・タイソン、ニール	16, 145

ナ 行

中村正人	112
流れに棹さす態度	70
流れに身を任せる	178
「なぜ？」から始める	34-35
日本の温泉	5-6
日本の風呂	5, 20-23
日本の森に学ぶ七カ条	70-73
ニューマン、ポール	76-77
認知的過負荷を避ける	37
ネグロポンテ、ニコラス	129-130
粘り強さの重要性	24, 185-186
脳のミラー・ニューロン	110-112

ハ 行

ハース、チップ＆ダン	164, 166
ハーダウェイ、チェルシー	106
『ハイ・コンセプト ：「新しいこと」を考え出す人の時代』	127
バイヤー、レネ	87
裸で戦う	14
裸のアプローチ	10
裸の付き合い	5-6
裸のプレゼンテーション	
ありのままの自分を表現する	13-14

差別化を図る	19
裸のプレゼンテーションの概説	10-11
裸のプレゼンテーションの難しさ	10-11
裸のプレゼンテーションの目的	21
フィル・ワクネルの視点	14-15
レベルを上げる	19
会話　vs. パフォーマンス	11-12
『話し方入門』	104
話すこと	
声量	139
話の間を巧みに利用する	140
話すスピード	139
話すピッチ	139-140
声に力を込める	86-87
話すときの声を評価する	140
パフォーマーからインスピレーションを得る	103-104
パフォーマンス　vs. 会話	11-12
腹八分	22, 143
バランスを保つ	177, 179
ハリス、フィル	79
範囲	
深さ　vs. 範囲（イラストレーション）	41
範囲を考慮する	40
パンチ	95
PUNCH でインパクトを与える	64-68
個人的	65-66
斬新	66-67
挑発的	67
パンチの効いたオープニング	64
ユーモラス	67-68
予想外	66
ピカソ、パブロ	195
ビジュアル	
基調演説にビジュアルを用いる	150
ソフトウェアでビジュアルを作成する	53
ビジュアルの有用性	21
ビジュアルのラフスケッチを描く	52
ビジュアルを大きめにする	122
ビジュアルを見せる	154
ビデオクリップを見せることで参加を促す	154
美的な体験を提供する	146-147
一人きりの時間	30-31, 49
『評決』	76-77

ピンク、ダニエル	127, 186
ピンマイクの使用を検討する	86-87
ファインマン、リチャード	16
不安に対処する	93
フィル船長	79-80
「深く」行くか、「広く」行くか	40
深さ vs. 範囲（イラストレーション）	41
フジェール、ブライアン	106
武道	124
武道家が避けるべき十悪	125
負の要素を乗り越える	44
ブラウン、スチュワート	123
ブラウン、ティム	127
フランクリン、ベンジャミン	144
ブリスリン、リチャード	106-107
フルヤ、ケンショウ	71, 73, 124, 176
『ブレイン・ルール：脳の力を100％活用する』	32
ブレインストーミング	50, 155
プレゼンテーション	
ジャズとプレゼンテーションを比較する	8
プレゼンテーションにとって望ましい資質	103
プレゼンテーションの基本理念	6
プレゼンテーションの目的を理解する	39
プレゼンテーションへのアプローチ	6
リハーサル	37, 54-56
プレゼンテーション・デザインの第一人者	7
『プレゼンテーション zen』	34
プレゼンテーションにおける課題に対処する	93
プレゼンテーションの秘訣	148-151
プレゼンテーション実施の基本原則	24
プレゼンテーション世代	17
プレゼンテーション当日	
プレゼンテーション当日の準備	59
部屋を整える	56-57
前の方に座る	57
早めに会場に到着する	56-57
聴衆と交流を持つ	58
風呂	5, 20-23
ペース	
「集中力」と「変化への欲求」	137-138
基調講演においてペースに変化を持たせる	151
ペースに変化を持たせる	136-140
ペースを変化させる	140-143

『ベーリング海の一攫千金』	79
ヘッドホン型のマイクの使用を検討する	87
変化、3つの「C」における役割	193
変化を生み出す	33-34, 99, 194
棒読み、スピーチへのインパクト	139
ホーキンス、チャーリー	100
ポーゼン、レス	92-93
ホール、エドワード・T	114
ホワイト、ヴァーダイン	103
ホワイト、モーリス	103

マ 行

間、話の間を巧みに利用する	140
マイクの使用を検討する	86
マイケル・アリー	40
マウイ	48
マウイ島	
女の子の写真	122-123
ハナ・ハイウェイ	48
警告標識	48
曲がっても折れない姿勢	70
マッキー、ロバート	43-44, 46
マルサリス、ウィントン	8, 11
マルチタスクという神話	32
身構えた態度を避ける	177
ミスを乗り越える	119
未知の要素への恐怖を取り除く	56
三船久蔵	190-191
ミラー・ニューロン	110-112
ムーン、リチャード	177
メディナ、ジョン	32, 40, 108, 137-138
メモ	
メモへの依存を克服する	15-16
メモを使う	54
メリットを知る	33
目次スライドを見せるのを避ける	74-75
目的	
「なぜ？」から始める	34-35
目的を見極める	36, 59
理性と感情の両方に訴えかける	39
目標を設定する	40
物語	
3幕構成	51

インデックス　205

エンディングに物語を取り入れる	166, 168
コントラストを取り入れる	44-45
対立を作り出す	44
物語と感情	47
物語の力	43
物語の定義	44
森に学ぶ7カ条	70-73
問題	
物語において問題を克服する	44
問題を特定する	46
もんたメソッド	157

ヤ 行

ユーモア	
エンディングにユーモアを取り入れる	168-169
ユーモアを自然に取り入れる	65, 67-68, 95, 127, 149
ユーモラス、PUNCHの一項目	67-68
抑制	6
吉田美和	112
予想外、PUNCHの一項目	66
よろいを脱ぐ	15

ラ 行

リハーサル（準備も参照のこと）	37, 54-56, 93, 121
リモコンを使う	116-117
リラックスした印象を与える	120
臨戦状態	71
ルーセンスキー、ジェイコブ	85
練習（準備も参照のこと）	37, 54-56, 93, 121
ロウ、マイク	79
ロールプレイを使って参加を促す	155
ロスリング、ハンス	117, 153
ロッキー・ホラー・ショー	136
ロック、デヴィッド	30, 55, 89
露天風呂	21
ロビンズ、アンソニー	102
ロビンソン、ケン	120-121, 146

ワ 行

ワイズマン、ジェリー	7, 12, 34
ワクネル、フィル	14-15

［著者プロフィール］

ガー・レイノルズ　（Garr Reynolds）

100,000部以上を売り上げ、17カ国語に翻訳されたベストセラー『プレゼンテーションzen』シリーズの著者。プレゼンテーションのデザインと実施についての第一人者。スピーカー、コンサルタントとしても非常に人気がある。彼のクライアントにはフォーチュン500に選ばれている企業も多い。現在は関西外大で経営学の准教授の職にあるが、ライター、デザイナー、ミュージシャンでもある。日本において禅アートを長年研究し、Design Matters Japanのディレクターも務めている。

www.presentationzen.com

［訳者プロフィール］

熊谷小百合　（くまがい さゆり）

南山大学文学部英語学英文学科卒。
訳者『プレゼンテーションzen』、『プレゼンテーションzenデザイン』（ピアソン桐原）、『アバター公式完全ガイド』（共訳、イースト・プレス）、他。

翻訳協力／株式会社トランネット

Authorized translation from the English language edition, entitled NAKED PRESENTER, THE: DELIVERING POWERFUL PRESENTATIONS WITH OR WITHOUT SLIDES, 1st Edition, ISBN: 9780321704450 by REYNOLDS, GARR, published by Pearson Education, Inc, publishing as New Riders, Copyright ©2011

All rights reserved. No part of this book may be reproduced or transmitted in any form or by any means, electronic or mechanical, including photocopying, recording or by any information storage retrieval system, without permission from Pearson Education, Inc.

JAPANESE language edition published by MARUZEN PUBLISHING CO., LTD., Copyright ©2014.

JAPANESE translation rights arranged with PEARSON EDUCATION, INC., publishing as New Riders through JAPAN UNI AGENCY, INC., TOKYO JAPAN

裸のプレゼンター

平成26年2月20日 発 行

著 者　　ガー・レイノルズ

訳 者　　熊谷小百合

編 集　　株式会社ピアソン桐原

発行者　　池田和博

発行所　　丸善出版株式会社
　　　　　〒101-0051 東京都千代田区神田神保町二丁目17番
　　　　　編集：電話（03）3512-3263／FAX（03）3512-3272
　　　　　営業：電話（03）3512-3256／FAX（03）3512-3270
　　　　　http://pub.maruzen.co.jp／

© 株式会社トランネット，2014

DTP・ブックデザイン　　中本眞由美（株式会社マーブル）
翻訳協力　　株式会社トランネット
印刷・製本／三美印刷株式会社

ISBN 978-4-621-06602-7　C2034　　　Printed in Japan

本書の無断複写は著作権法上での例外を除き禁じられています。

本書は、2011年7月に株式会社ピアソン桐原より出版された同名書籍を再出版したものです。